会社の数字が ガンガン わかる

ゼロからの経営分析ワークブック ［改訂版］

―財務会計・管理会計・税務会計の視点から―

関利恵子・石井宏宗・八幡浩伸 ［著］

創 成 社

本書の目的

　商学系や経営系の学校では，経営分析論が卒業単位の必修単位となっている場合が多い。そのくらい経営分析とは重要であり，必要とされている科目なのである。なぜならば，経営分析の知識は，就職してから実務で役に立つスキルだからである。しかしながら経営分析の学習は，あくまで単位を取るために必要であり，卒業してしまえば「そういえば何かやった覚えはあるけれども…」という方々も多いのではないだろうか。非常にもったいない話である。

　経営分析とは，財務会計による分析だけを領域とするものではない。中期経営計画や予算，利益計画などを取り扱う「管理会計」からも検証されなければならない。さらに，決算後の利益を所得に変換する「税務会計」の視点も必要となる。つまり，経営分析とは財務会計，管理会計，税務会計から，多角的な検証が必要なのである。したがって，本書の目的は，総合的な視点から経営分析を行うための，基本知識を習得することにある。

　本書は，財務会計だけではなく，実務上で役に立つ管理会計と税務会計の領域まで，経営分析に必要な幅広い基礎知識を記載している。そのため，学校の単位取得はもちろんのこと，就職活動や実務においても役に立つ，経営分析の広範な基礎知識を身につけることができる。理論的な財務分析は信州大学の関利恵子，実践的な管理会計は現役経営者の石井宏宗，税務会計では公認会計士・税理士の八幡浩伸が執筆を担当した。本書が，みなさんの学業，就職活動，実務上の一助となれば幸いである。

　なお，本書は全27章で構成されている。1回の学習につき2章ごと進めれば，14回程度で本書のすべてを習得できるように設計されている。

令和元年7月1日

関　利恵子

石井　宏宗

八幡　浩伸

本書の利用方法

第1部　財務分析の手法と活用

　第1部の財務分析では，財務諸表（貸借対照表，損益計算書，キャッシュ・フロー計算書）を利用した財務分析について説明している。Lesson 2 から，説明と練習問題のワンセットで構成されている。説明を読んだだけでは，わかったつもりにはなっても，理解できていない場合が多い。そこで本書を利用するにあたっては，鉛筆と電卓をもって書き込みながら学習を進めてほしい。比率を計算しながら読み進めることで，分析への理解力が高まっていくと思われる。

　本書では，学生，ビジネスマン，教員，就活中の学生などさまざまな読者を想定している。読者のレベルや使用目的にあわせて，使い分けてほしい。会計は語学学習と同様に繰り返し練習・学習することが不可欠である。本書の練習問題で分析になれたら，ぜひ気になる企業の財務諸表を使って財務分析に取り組んでほしい。

はじめて財務分析を学ぶ初学者へ

　財務諸表の仕組みについてしっかりと理解することから始めよう。本書で解説している内容は，財務分析のための必要最低限の事項である。まずは Lesson 1 から Lesson 4 で財務諸表の仕組みをざっくりととらえて，分析のレッスンへと進んでいくことが理解への近道である。

就活中の学生へ

　就活している学生にとって，自己分析などと同様に企業分析もしっかりすることをおすすめする。志望企業の財務諸表を入手（5年間くらい）して，実際に分析を試みてほしい。イメージだけにとらわれない企業選びができるはずである。財務分析に加えて，定性情報も利用するとより一層，企業への理解が深まると思われる。

ビジネスマンの方へ

　本書は財務分析のための必要最低限なことを取り上げている。本書での内容が一通りわかれば，基本的な財務分析はマスターできていると思われる。本書を最初のステップとして，仕事に役立てていただければ幸いである。

教員の方へ

　財務分析で必要とされる項目は網羅している。講義資料や課題，ゼミなどで利用していただければ幸いである。

第2部　管理会計をもちいた経営分析

　第2部を学習するにあたり，まず，第1部の財務会計を軸とした，経営分析の基本を理解していることを前提とする。その上で，管理会計を軸とした経営分析を第2部で学ぶ。第2部では，管理会計という性質上，かなり実務的な視点からのアプローチを試みている。したがって，一見すると，第1部の理論的な財務会計とは内容的に整合性が取れていないように感じるかもしれない。

　しかしながら，これが実際の会計，経営分析の世界といえる。つまり，2つの会計は密接につながっているのである。財務会計の理論をベースにして，実践的な管理会計はその上に存在する。それぞれを別々に理解しようとするのではなく，一体のものとして考えることで，経営分析を正しく身につけることができる。頭を柔らかくして，第2部の学習に臨んでもらいたい。

　また，第2部では実務的な観点を重視し，本書上にバーチャル会社の「神宮食品株式会社」を設立した。この会社を事例にして，管理会計の意味といくつかの手法，そして実際に管理会計がどのように用いられているのかを説明している。したがって，第2部の学習到達目標は，単に管理会計の意味と手法を理解するだけでは不十分である。

　いかに顧客を創造し，黒字を生み出し，会社を未来永劫へと成長させていくのか。管理会計からの経営分析とは，それを実現する有効的な武器なのである。ぜひ，第2部を学習するそれぞれが，神宮食品株式会社の「社長」となり，自分の会社のこととして考えてもらいたい。現実的なイメージをもって学習することが管理会計の王道であり，管理会計からの経営分析を習得する近道となる。なお，本書における管理会計は，簿記などの原価計算は考慮せず，経営戦略や予算等，ビジネスの実務で基礎的に役立つ範囲に限定している。

　第2部の各章の目的と理解できる内容を，以下フローチャートに示しておく。

Lesson 11　管理会計とは生きるための知恵

　◆管理会計とは何か？　について理解できる。

Lesson 12　全社戦略・事業戦略…経営戦略としての中期経営計画の策定

　◆中期経営計画の意味，経営戦略との関わり，具体的策定事例を理解できる。

Lesson 13　機能別戦略…予算と利益計画の作成

　◆予算と利益計画の意味，種類，事業戦略との関わり，具体的な作成事例を理解できる。

Lesson 14　予算実績差異分析…業績評価会計の実践

　◆予算実績差異分析の意味，手法，具体的な分析事例を理解できる。

Lesson 15　CVP 分析…損益分岐点

　◆CVP 分析から得られる損益分岐点の意味，計算方法，事例を理解できる。

Lesson 16　知っておきたい管理会計モデル…BSC（バランス・スコアカード）

　◆BSC の基本を理解できる。

第3部　経営に関わる税金

　税金は，国や地方公共団体などの公共サービスの対価である一方で，税コストとして会社の資金流出を伴うものであり，企業経営にとっては重大な影響を与えるものである。

　そこで，第3部では，法人税を中心とした会社に関わる税金について学習することで，税金が会社経営に与える影響と税コストを抑える税務戦略の重要性について理解を深めていただきたい。

　Lesson 17 では，会社経営に関わる税金の中で最も重要な法人税について，その課税客体である「法人とは何か？」などの基礎から学び，Lesson 18, 19 で法人税の計算の基本的な仕組みと申告・納税について学習する。

　特に，法人税の基本的な仕組みについては，会計上の「利益」と法人税法上の「所得」とは別の概念であることを十分に理解していただきたい。企業経営者の中には，会計上の「利益」と法人税法上の「所得」とを混同している方もいるが，両者の違いを理解することで，税コストを抑え企業価値を高めることも可能である。

　Lesson 20 から 25 にかけては，その会計上の「利益」と法人税法上の「所得」とに差異が生じる要因について勘定科目ごとにみていく。ここでは会計基準と法人税法の取扱いについて理解した上で，なぜ両者に差異が生じるのか，その趣旨について理解していただきたい。

　Lesson 26 では，税務調査の概要について学習し，会社に対して税務調査がどのような流れで行われるかについて学習する。

　最後に Lesson 27 において，法人税以外の諸税金について，網羅的にその課税目的と対象について学習する。

　第3部の各章の目的と理解できる内容を，以下フローチャートに示しておく。

Lesson 17　法人の種類と税金
　◆法人の種類と課税範囲について理解できる。

Lesson 18　法人税の仕組み
　◆法人税の計算の流れについて理解できる。

Lesson 19　法人税の申告・納付
　◆法人税の申告手続きと納付について理解できる。

Lesson 20　金銭債権の会計と税務
　◆金銭債権の評価について会計と税務の違いを理解できる。

Lesson 21　棚卸資産の会計と税務
　◆棚卸資産の評価について会計と税務の違いを理解できる。

Lesson 22　有価証券の会計と税務
　◆有価証券の評価について会計と税務の違いを理解できる。

本書の利用方法　｜ vii

Lesson 23　固定資産の会計と税務

◆固定資産の評価について会計と税務の違いを理解できる。

Lesson 24　引当金の会計と税務

◆引当金の内容と会計・税務の取扱いの違いを理解できる。

Lesson 25　人件費の会計と税務

◆人件費について会計と税務の違いを理解できる。

Lesson 26　税務調査

◆税務調査の種類と流れについて理解できる。

Lesson 27　その他の税金

◆法人税以外の税金（法人住民税，法人事業税，消費税，事業所税，固定資産税）の概要について理解できる。

目　次

本書の目的
本書の利用方法

第1部　財務分析の手法と活用

Lesson 1	財務諸表 ── 2
Lesson 2	貸借対照表 ── 8
Lesson 3	損益計算書 ── 14
Lesson 4	キャッシュ・フロー計算書 ── 18
Lesson 5	安全性分析①　貸借対照表による分析 ── 25
Lesson 6	安全性分析②　回転期間を用いた資金繰り分析など ── 30
Lesson 7	収益性分析①　資本利益率 ── 33
Lesson 8	収益性分析②　売上高利益率 ── 37
Lesson 9	生産性分析 ── 42
Lesson 10	成長性分析 ── 45

第2部　管理会計をもちいた経営分析

Lesson 11	管理会計とは生きるための知恵 ── 50
Lesson 12	全社戦略・事業戦略　経営戦略としての中期経営計画の策定 ── 52
Lesson 13	機能別戦略　予算と利益計画の作成 ── 56
Lesson 14	予算実績差異分析　業績評価会計の実践 ── 61
Lesson 15	CVP分析　損益分岐点を知る ── 65
Lesson 16	知っておきたい管理会計モデル　BSC（バランス・スコアカード）── 68

第3部 経営に関わる税金

Lesson 17 法人の種類と税金 —— 72

Lesson 18 法人税の仕組み —— 74

Lesson 19 法人税の申告・納付 – 79

Lesson 20 金銭債権の会計と税務 —— 82

Lesson 21 棚卸資産の会計と税務 —— 86

Lesson 22 有価証券の会計と税務 —— 92

Lesson 23 固定資産の会計と税務 —— 99

Lesson 24 引当金の会計と税務 —— 108

Lesson 25 人件費の会計と税務 —— 110

Lesson 26 税務調査 —— 114

Lesson 27 その他の税金 —— 118

解答編　125

財務分析の手法と活用

Lesson 1
財務諸表

> **本 Lesson でわかるポイント**
> ◎財務諸表（貸借対照表・損益計算書・キャッシュ・フロー計算書）の
> 　仕組みを知る。
> ◎財務諸表のつながりがわかる。

① 財務諸表

　財務諸表とは，企業が決算期に1年間の経営成績や財政状態などを報告する決算書のことをいう。財務諸表は，"財務3表"とも言われ貸借対照表・損益計算書・キャッシュ・フロー計算書で構成されている。

（1）貸借対照表
・一定時点（決算日）における企業の財政状態を示したもの。
・貸借対照表は，英語で Balance Sheet であることから，B／S と略記される。
・貸借対照表は，借方（左側）と貸方（右側）の合計金額が必ず一致する。

（2）損益計算書
・一定期間における企業の経営成績を示したもの。
・損益計算書は，Profit & Loss Statement であることから，P／L と略記される。
・経営活動の成果が収益，収益を獲得するために貢献したものが費用である。そして，収益と費用の差額が利益となる。

（3）キャッシュ・フロー計算書
・一定期間におけるキャッシュ（現金）の支出入を示している。
・経営活動におけるキャッシュの流れを営業・投資・財務の3つの活動に区分して示している。

財務諸表

○貸借対照表（B／S Balance Sheet）：企業の一定時点の財政状態を示す

貸借対照表

| 資　産 | 負　債 |
| | 純資産 |

資金の運用使途　　　資金の調達源泉

○損益計算書（P／L Profit and Loss Statement）：企業の一定期間の経営成績を示す

売上高
売上原価
売上総利益
販売費および一般管理費
営業利益　…本来の営業活動による利益

営業外収益
営業外費用
経常利益　…通常の経営活動による利益

特別利益
特別損失
税金等調整前当期純利益
法人税等
当期純利益　…株主に帰属する利益
　　　　　　　　　（配当の元になる利益）

○キャッシュ・フロー計算書（C／S Cash Flow Statement）：企業の一定期間の資金収支を示す

営業活動によるキャッシュ・フロー
投資活動によるキャッシュ・フロー
財務活動によるキャッシュ・フロー
現金及び現金同等物の増減額
現金及び現金同等物の期首残高
現金及び現金同等物の期末残高

❷ 財務諸表のつながり

　貸借対照表，損益計算書，キャッシュ・フロー計算書の3つの計算書の関係についてみていく。3表の関連がわかると経営と会計の関わりもわかってくるはずである。経営活動と財務諸表を関連づけると以下のようになる。

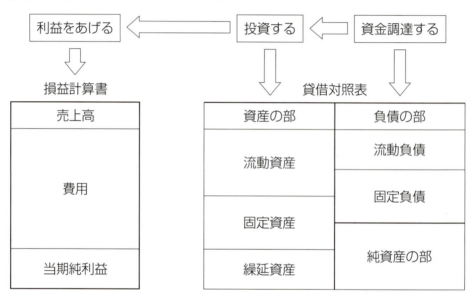

　上の3つの活動をキャッシュ・フローの3つの区分と関連づけると次の表のようになる。

キャッシュ・フロー計算書の区分	経営活動	P／L，B／Sとの関連
営業活動によるキャッシュ・フロー	利益をあげる	損益計算書
投資活動によるキャッシュ・フロー	投資する	貸借対照表　資産の部
財務活動によるキャッシュ・フロー	資金調達する	貸借対照表　負債の部 純資産の部

出所：國貞克則『財務3表一体理解法』朝日新書，2011年を参考に修正し作成。

❸ 財務分析の方法

　財務諸表の数値を使って，企業の安全性，収益性，資金繰りなどを分析する。財務諸表を使って分析することを，財務分析もしくは経営分析という。

（1）財務分析の視点
財務分析では一般的に4つの視点で企業を分析する。

① 安全性分析　貸借対照表やキャッシュ・フロー計算書を使って，企業の安全性や資金繰りなどを分析する。

② 収益性分析　損益計算書や貸借対照表を使って，企業が儲かっているか，効率的な経営を行っているかなどを分析する。

③ 生産性分析　企業のヒトやモノが，どれだけのアウトプットを生み出しているかなどを分析する。

④ 成長性分析　各比率の伸び具合や増減といった趨勢をみて，企業の成長性を分析する。

図表1－1　財務分析の視点と関連指標

安全性分析	資本健全度　　　自己資本比率 短期的支払能力　流動比率，当座比率，手元流動性比率 長期的支払能力　固定比率，固定長期適合率 資金繰りの視点　売上債権回転期間，買入債務回転期間， 　　　　　　　　棚卸資産回転期間　など 　　　　　　　　キャッシュ・フロー計算書
収益性分析	売上高利益率　売上高営業利益率，売上高経常利益率など 資本利益率　　（総資本経常利益率，経営資本営業利益率，自己資本当期純利益率） 資本回転率　　総資本回転率，有形固定資産回転率など
生産性分析	付加価値　　　加算法，控除法など 労働生産性　労働装備率，設備生産性，付加価値率，労働分配率など
成長性分析	売上高成長率，営業利益成長率など

（2）比較の基準
算出した比率を何らかの基準と比較することで，その企業の特徴や問題点がわかる。

① クロスセクション分析　同時期における同業他社の財務諸表を比較する手法。
② 時 系 列 分 析　　　　企業の過去数年の財務諸表を時系列的に分析する手法。
③ 実 数 分 析　　　　　財務諸表に記載されている数値そのものを分析。
④ 比 率 分 析　　　　　実数を比率にして分析する。同業他社との分析などでは，比率分析を使用する。

❹ 財務分析のポイント

財務分析をする際のいくつかのポイントを示しておく。

① 同業他社との比較

　同じ業種に属する企業，たとえば，トヨタとホンダ，イオンとセブン＆アイなどを比較分析することでその企業の特徴などがみえてくる。

② 過去から現在の推移をみる

　分析対象企業の過去から現在の多年度の数値の推移をみながら，その企業の業績動向を把握することが重要である。有価証券報告書には「主要財務数値の過去5年間の推移」が記載されているので，企業の経営動向の把握には便利である。ぜひ活用しよう。

③ 注記の活用

　有価証券報告書では，財務諸表の数値に関連する重要な情報を"注記"として，財務諸表とは別の場所に言葉や数値を使って詳細に記載している。財務諸表を分析したときに数値の横に注記（アスタリスク＊のついた番号）が記載されている場合には是非確認してほしい。企業が採用した会計処理や財務諸表の項目の内訳など詳細な情報を得ることができる。

④ 定性情報の活用

　財務諸表に掲載される数値は，経営活動の結果である。したがって，数値（＝定量情報）をみて疑問を持った時は，数値以外の定性情報（企業のホームページ，雑誌，新聞，インターネット）を通じてその原因を分析することをおすすめする。

MEMO

Lesson 2
貸借対照表

> **本 Lesson でわかるポイント**
> ◎貸借対照表の仕組みを理解する。
> ◎貸借対照表の項目から企業の財務健全性を把握する。

① 貸借対照表

　貸借対照表は，決算日時点における企業の財政状態を示す計算書である。貸借対照表から企業の資金調達状況（負債・純資産）とその運用使途（資産）を知ることができる。

貸借対照表

	流動負債
流動資産	固定負債
固定資産	純資産 Ⅰ．株主資本
繰延資産	Ⅱ．評価・換算差額等 Ⅲ．新株予約権

② 流動・固定の分類基準

　流動項目と固定項目に分類するためには，営業循環基準と1年基準がある。

（1）営業循環基準　商品や原材料を仕入れて，製品などを生産し，それらを販売して回収するという一連の営業循環基準の過程にある，すべての資産と負債を流動項目に分類する基準である。営業過程に存在しない項目は，1年基準が適用される。

（2）**1 年 基 準**　決算日から起算して 1 年以内に現金化する資産や 1 年以内に支払期
限が到来する負債は流動項目に区分して，それ以外の資産と負債に
ついては固定資産と固定負債に分類する基準である。

③ 資 産

（1）流動資産

換金性の高いものから順番（当座資産 ⇒ 棚卸資産 ⇒ その他流動資産）に記載される。

流動資産	当座資産	現金　預金　受取手形　売掛金　有価証券
	棚卸資産	商品　製品　原材料　半製品　仕掛品　貯蔵品
	その他流動資産	未収金　短期貸付金　前渡金　前払費用　など

（2）固定資産

固定資産は 1 年以上にわたり保有される資産をいう。また，減価償却ができるか否かによって償却性資産と非償却性資産に分類される。

固定資産	有形固定資産	〔償却性資産〕建物　構築物　機械設備　車両運搬具など
		〔非償却性資産〕土地　建設仮勘定
	無形固定資産	のれん　特許権　実用新案権　意匠権　など
	投資その他の資産	投資有価証券　長期貸付金　など

＊減価償却＊

有形固定資産は長期間にわたって保有する。そこで有形固定資産は取得原価をもとに，一定の方法によって用役の消費分を耐用年数にわたり減価償却費として費用化すると同時に，資産の貸借対照表価額を同額だけ減少させていくという手続きを行う。この手続きを減価償却という。定額法や定率法などの手続きがある。

（3）繰延資産

流動資産，固定資産以外の資産である。当期の支出額を将来の収益に対応させ適正な期間損益を計算することを目的とする資産である。会計的な資産であり擬制資産ともいわれる。

繰延資産	株式交付費　社債発行費等　創立費　開業費　開発費

④ 負　債

負債は他人資本とも呼ばれる。負債も資産と同様に流動・固定に区分される。

（1）流動負債
営業循環にある項目，または，流動負債は1年以内に支払期限が到来する債務である。

流動負債	買掛金　支払手形　短期借入金　など

（2）固定負債
1年以上先に支払期限が到来する債務である。

固定負債	長期借入金　社債　退職給付引当金　など

＊引当金＊
引当金には，評価性引当金（資産控除項目）と負債性引当金の2種類がある。評価性引当金には貸倒引当金があり，これは売上債権の期末残高を正確に示すための債権の回収可能価額を評価するものである。負債に記載される負債性引当金は，債務以外の経済的な負担が強いられる引当金であり，賞与引当金，修繕引当金，退職給付引当金などがある。

⑤ 純資産

純資産は，資産と負債の差額である企業の正味財産を示す。純資産は，株主資本，評価・換算差額等，新株予約権に分類される。純資産を自己資本とも呼ぶ。

純資産	株主資本	資本金		元手
		資本剰余金	資本準備金（株式払込剰余金　など）	元手
			その他資本剰余金（減資差益　など）	元手
		利益剰余金	利益準備金	儲け
			その他利益剰余金（任意積立金　など）	儲け
		自己株式		
	評価・換算差額等	その他有価証券評価差額金　繰延ヘッジ損益　など		
	新株予約権			

＊自己株式＊　企業が自社の株式を市場から買い戻して保有しているもの。
＊新株予約権＊　あらかじめ決められた価格で企業に対して株式発行を一定期間にわたって請求できる権利である。

❻ 貸借対照表の各項目の数値による安全性の把握

　安全性分析では，比率を算出して企業の安全性を分析する。ただ，比率を分析しなくても，5つの項目の数値の大小から短期的・長期的な安全性を知ることができる。

1．3つのパターンから企業の財務の健全度を判断してみよう。

パターン1	パターン2	パターン3
負債が少なく純資産が多い。安全性が高い健全な状態	純資産が少なく負債が多い。安全性が低い状態	資産より負債が多い状態。かなり危険な状態。

2．5つの項目から短期的・長期的な安全性を把握してみよう。

　　　パターン4　　　　　　　パターン5　　　　　　　パターン6

短期的安全性　⇒　流動資産と流動負債の数値バランス
　　　　　　　　　流動資産　＞　流動負債　　安全性高い　パターン4・5
　　　　　　　　　流動資産　＜　流動負債　　安全性低い　パターン6
長期的安全性　⇒　固定資産と純資産，固定負債の数値バランス
　　　　　　　　　固定資産　＜　純資産　　　　　　安全性高い　　パターン4
　　　　　　　　　固定資産　＜　純資産＋固定負債　安全性ふつう　パターン5
　　　　　　　　　固定資産　＞　純資産＋固定負債　安全性低い　　パターン6

練習問題1. 貸借対照表の仕組みの理解

① 【連結貸借対照表】

(単位：百万円)

	前連結会計年度 （平成28年11月30日）	当連結会計年度 （平成29年11月30日）
資産の部		
流動資産		
現金及び預金	35,794	29,618
受取手形及び売掛金	75,134	78,212
有価証券	5,000	12,000
商品及び製品	15,669	16,355
仕掛品	972	972
原材料及び貯蔵品	9,229	11,377
繰延税金資産	3,264	2,823
その他	5,268	5,192
貸倒引当金	△173	△222
流動資産合計	150,160	156,332
固定資産		
有形固定資産		
建物及び構築物	※4 179,789	※4 185,446
減価償却累計額	△99,764	△104,416
建物及び構築物（純額）	※2 80,024	※2 81,030
機械装置及び運搬具	※4 161,169	※4 170,766
減価償却累計額	△122,204	△121,373
機械装置及び運搬具（純額）	38,965	49,393
土地	※2,※4 48,099	※2,※4 49,820
リース資産	8,102	9,729
減価償却累計額	△3,427	△4,257
リース資産（純額）	4,675	5,472
建設仮勘定	7,238	4,571
その他	※4 14,820	※4 15,707
減価償却累計額	△10,444	△11,248
その他（純額）	4,375	4,459
有形固定資産合計	183,378	194,746
無形固定資産		
のれん	1,563	3,778
ソフトウエア	3,129	3,210
その他	982	1,369
無形固定資産合計	5,675	8,359
投資その他の資産		
投資有価証券	※1 27,408	※1 34,495
長期貸付金	450	519
退職給付に係る資産	7,413	12,630
繰延税金資産	1,984	2,027
その他	※1 9,657	※1 10,278
貸倒引当金	△213	△182
投資その他の資産合計	46,700	59,769
固定資産合計	235,754	262,875
資産合計	385,914	419,207

出所：キユーピー株式会社　有価証券報告書（平成29年11月）

（単位：百万円）

	前連結会計年度 （平成28年11月30日）	当連結会計年度 （平成29年11月30日）
負債の部		
流動負債		
支払手形及び買掛金	47,050	48,008
短期借入金	※2 8,301	※2 8,037
未払金	22,074	17,547
未払費用	12,809	6,533
未払法人税等	7,016	4,005
繰延税金負債	1	11
売上割戻引当金	749	801
賞与引当金	1,826	1,831
役員賞与引当金	160	121
その他の引当金	91	100
その他	2,162	3,699
流動負債合計	102,245	90,697
固定負債		
社債	10,000	10,000
長期借入金	※2 12,498	※2 35,947
リース債務	3,774	4,506
繰延税金負債	5,135	9,068
退職給付に係る負債	3,893	3,147
資産除去債務	1,112	1,120
その他	1,392	1,286
固定負債合計	37,807	65,077
負債合計	140,053	155,775
純資産の部		
株主資本		
資本金	24,104	24,104
資本剰余金	30,300	29,425
利益剰余金	166,765	170,583
自己株式	△6,123	△6,603
株主資本合計	215,047	217,509
その他の包括利益累計額		
その他有価証券評価差額金	8,916	13,429
繰延ヘッジ損益	79	△3
為替換算調整勘定	△3,947	△1,141
退職給付に係る調整累計額	△7,474	△3,354
その他の包括利益累計額合計	△2,426	8,929
非支配株主持分	33,240	36,992
純資産合計	245,861	263,432
負債純資産合計	385,914	419,207

Q. キユーピー株式会社の連結貸借対照表（当連結会計年度）の数値を使って，次の項目を計算してみよう。

（単位：百万円）

当座資産		棚卸資産	
償却性資産		非償却性資産	
自己資本		他人資本	

Lesson 2　貸借対照表　| 13

Lesson 3
損益計算書

本 Lesson でわかるポイント

◎損益計算書の企業の 1 年間の経営成績を知ることができる。

◎損益計算書の 5 つの利益の意味を知る。

① 損益計算書

　損益計算書は，企業活動の成果である収益とそのために費やされた費用を対比させて，一定期間の経営成績である利益（儲け）を示す書類である。経営活動ごとの利益が段階別に表示されている。損益計算書を分析することで，企業経営の特徴や問題点がわかる。

売上高	
売上原価	
売上総利益	…粗利とも呼ばれる。
販売費及び一般管理費	
営業利益	…本来の営業活動による利益。
営業外収益	
営業外費用	
経常利益	…通常の経営活動による利益。
特別利益	
特別損失	
税金等調整前当期純利益	…税金を控除する前の当期純利益。
法人税等	
当期純利益	…株主に帰属する利益。最終利益。配当の元になる利益。

❷ 段階別利益

（1）売上総利益（粗利）

> 売上総利益　＝　売上高　－　売上原価

売上高に直接対応する売上原価のみを控除して算出する最初の利益である。

（2）営業利益

> 営業利益　＝　売上総利益　－　販売費及び一般管理費

営業利益は，本業による利益と言われ，売上総利益から企業の営業業務や管理業務などに関連して発生したすべての費用が含まれる販売費及び一般管理費（通常，販管費と呼ばれる）を控除して算出する利益である。販管費のうち，大半を占めるのは人件費である。

（3）経常利益

> 経常利益　＝　営業利益　＋　営業外収益　－　営業外費用

経常利益は，営業利益に本業以外で発生する営業外収益と営業外費用を加減算して算出する利益である。通常の経営活動による利益である。

（4）税金等調整前当期純利益（税引前当期純利益）

> 税金等調整前当期純利益　＝　経常利益　＋　特別利益　－　特別損失

税金等調整前当期純利益（通常，税引前当期純利益と呼ばれる）は，経常利益に本来の経営活動とは直接関係しない特別な事象から生じた損益を加減算して算出する利益である。

（5）当期純利益

> 当期純利益　＝　税金等調整前当期純利益　－　法人税，住民税及び事業税

当期純利益は，税引前当期純利益から法人税，住民税及び事業税などを控除して算出する利益であり，最終利益と呼ばれる。

＊（1）から（5）までの段階的な5つの利益数値の動きをみることによって，企業の経営の儲けの要因を分析することが可能となる。

Lesson 3　損益計算書　｜15

練習問題2. 損益計算書の仕組みの理解

【連結損益計算書】

（単位：百万円）

	前連結会計年度 （自 平成27年12月1日 至 平成28年11月30日）	当連結会計年度 （自 平成28年12月1日 至 平成29年11月30日）
売上高	552,306	561,688
売上原価	※1 428,848	※1 432,773
売上総利益	123,457	128,915
販売費及び一般管理費	※2,※3 93,639	※2,※3 97,654
営業利益	29,818	31,261
営業外収益		
受取利息	79	69
受取配当金	458	514
持分法による投資利益	295	93
補助金収入	291	269
その他	1,222	1,215
営業外収益合計	2,347	2,162
営業外費用		
支払利息	311	376
開業費	68	139
その他	422	395
営業外費用合計	801	911
経常利益	31,364	32,511
特別利益		
投資有価証券売却益	396	1,179
固定資産売却益	※4 160	※4 87
その他	173	65
特別利益合計	730	1,331
特別損失		
退職給付制度終了損	－	※5 1,309
固定資産除却損	※6 1,178	※6 1,062
減損損失	※7 89	※7 581
その他	536	107
特別損失合計	1,804	3,060
税金等調整前当期純利益	30,290	30,783
法人税，住民税及び事業税	11,245	8,926
法人税等調整額	△989	296
法人税等合計	10,255	9,223
当期純利益	20,034	21,560
非支配株主に帰属する当期純利益	2,941	3,460
親会社株主に帰属する当期純利益	17,093	18,099

出所：キユーピー株式会社　有価証券報告書（平成29年11月）

＊親会社株主に帰属する当期純利益は連結損益計算書の特有の項目である。連結損益計算書の当期
　純利益はこの利益を使用する。

Q. キユーピー株式会社の連結損益計算書の5つの利益を抜き出し，経営活動について考えてみよう。

(単位：百万円)

	前連結会計年度	当連結会計年度	数値をみるポイント
①売上総利益			
②営業利益			・営業利益の増減は販管費の影響を受ける。 ・数値の分析に加えて注記もみると増減の詳細がわかる。
③経常利益			・経常利益の増減は営業外損益の影響を受ける。 ・②よりも③が増えれば営業外収益が多かったことを示す。
④税引前当期純利益			・税引前当期純利益の増減は特別損益の影響を受ける。
⑤当期純利益			・当期純利益は最終利益である。 ・⑤の数値の増減は税金による。

＊ワンポイントアドバイス＊

数値の横の＊は，注記を示している。注記は数値の詳細が示されており，内訳がよくわかる。参考として，キユーピー株式会社（平成29年11月）の損益計算書の販売費及び一般管理費の注記（＊2，＊3）を以下に示した。注記をみると販管費に占める人件費や研究開発費等の割合もわかる貴重な情報である。

※2　販売費及び一般管理費のうち，主要な費目および金額は次のとおり。

	前連結会計年度 （自　平成27年12月1日 　至　平成28年11月30日）	当連結会計年度 （自　平成28年12月1日 　至　平成29年11月30日）
運送費及び保管料	24,986百万円	25,808百万円
販売促進費	3,684	3,948
研究開発費	4,028	4,058
広告宣伝費	8,736	9,469
給料手当	21,439	21,980
減価償却費	2,777	2,766
賞与引当金繰入額	512	467
退職給付費用	1,294	1,846
貸倒引当金繰入額	△18	△37

※3　一般管理費に含まれる研究開発費の総額

前連結会計年度 （自　平成27年12月1日 　至　平成28年11月30日）	当連結会計年度 （自　平成28年12月1日 　至　平成29年11月30日）
4,028百万円	4,058百万円

Lesson 3　損益計算書　│17

Lesson 4
キャッシュ・フロー計算書

本 Lesson でわかるポイント

◎キャッシュ・フロー計算書は企業の資金の出入りが明らかになる
　計算書である。
◎キャッシュ・フロー計算書では，経営活動を営業・投資・財務の
　3つに区分して資金の出入りを示している。

---

❶ キャッシュ・フロー計算書

　キャッシュ・フロー計算書は，企業における一定期間の資金の出入りを営業活動・投資活動・財務活動の3つの区分に分けて示している。

　キャッシュ・フロー計算書における「現金・現金同等物」は以下のとおりである。

現　　　金	手許の現金　預金（普通・当座）　他人振出小切手　郵便為替証書 株式配当金領収書　公債・社債の利札
現金同等物	短期定期預金（3ヵ月以内）　コマーシャルペーパー 譲渡性預金　など

❷ キャッシュ・フロー計算書の3つの区分

（1）**営業活動によるキャッシュ・フロー（CFO）**

　本来の営業活動による現金の収入と支出を表示している。この区分からは，本業から現金を生み出す力があるか否かがわかる。営業活動によるキャッシュ・フローの表示方法には直接法と間接法の2つがある。

　直接法　直接的にキャッシュの流れを追っていく方法である。企業の主要取引のキャッシュ・フローと非キャッシュ・フローのデータが必要となるため，作成に手間がかかる。

間接法 キャッシュの流れを当期純利益から計算する。作成が容易なため，実務では間接法を使用している企業が多い。

間接法による表示	直接法による表示
営業活動によるキャッシュ・フロー	営業活動によるキャッシュ・フロー
税金等調整前当期純利益	営業収入
減価償却費	商品の仕入支出
売上債権の増加額	人件費支出
棚卸資産の増加額	その他の営業支出
仕入債務の増加額	・
小　　計	小　　計
利息及び配当金の受取額	利息及び配当金の受取額
利息の支払額	利息の支払額
法人税額の支払額	法人税額の支払額
営業活動によるキャッシュ・フロー	営業活動によるキャッシュ・フロー

（2）投資活動によるキャッシュ・フロー（CFI）

　企業が将来の利益獲得および資金運用のためにどれだけの資金を投下・回収したかを示している。具体的には設備投資や金融投資などの資金の動きなどである。

（3）財務活動によるキャッシュ・フロー（CFF）

　資金の借入や返済などといった資金調達や株主への配当などの財務活動に関する資金収支を示している。

キャッシュ・フロー計算書の例

キャッシュ・フロー計算書	
	（単位：百万円）
営業活動によるキャッシュ・フロー	500
投資活動によるキャッシュ・フロー	−200
財務活動によるキャッシュ・フロー	300
現金及び現金同等物の増減額	600
現金及び現金同等物の期首残高	1,000
現金及び現金同等物の期末残高	1,600

③ キャッシュ・フロー計算書の分析

（1）フリー・キャッシュ・フロー

　フリー・キャッシュ・フロー（free cash flow：FCF）は，企業が自由に使用することができる現金をいう。一般的にはCFOからCFIを控除して算出する。FCFがプラスであれば，自由に使用可能なキャッシュがあることを意味する。

$$FCF\ =\ CFO\ -\ CFI$$

　たとえば，営業活動によるキャッシュ・フローが300，投資活動によるキャッシュ・フローが△200だとすると，FCF＝300－200＝100となる。

（2）キャッシュ・フロー計算書のポイント

　キャッシュ・フロー計算書をみる際，CFOはプラスであることが重要である。CFOがプラスであるということは，本業からのキャッシュの入りがあることを示している。CFOがマイナスである場合には本業からのキャッシュの入りがないこととなる。CFOでキャッシュを稼ぎ，その範囲内で投資活動（CFI）や株主への還元などといった財務活動（CFF）に活用するスタイルが望ましいキャッシュ・フローのかたちである。

（3）キャッシュ・フロー計算書による活動パターン分析

　キャッシュ・フロー計算書の基本的な分析方法は，3つのキャッシュ・フロー活動のパターンから分析する方法であり，以下に示す8つのパターンがある。

　CFO：営業活動によるキャッシュ・フロー

　CFI ：投資活動によるキャッシュ・フロー

　CFF：財務活動によるキャッシュ・フロー

図表4－1　キャッシュ・フロー計算書のパターン

	CFO	CFI	CFF	キャッシュ・フローのパターン
①	＋	－	－	【健全なパターン】 営業活動から生み出した現金を投資活動や資金の返済などに充てているパターン
②	＋	－	＋	【健全なパターン】 営業活動や財務活動を通じて調達した現金を投資活動に充てている積極的なパターン
③	＋	＋	－	【財務体質改善を行っているパターン】 営業活動で生み出した現金や投資を中止して回収した資金を返済等に充てているパターン
④	＋	＋	＋	【多額の現金を必要としているパターン】 すべての活動で現金を生み出しており，多額の現金を必要とする買収などを予定しているパターン
⑤	－	＋	＋	【不健全な企業経営状況】 営業活動のマイナスを投資の中止や財務活動を通じて調達した現金で補っているパターン
⑥	－	－	＋	【成長性の高い分野に参入した初期段階で生じるパターン】 起業したばかり，あるいは成長性の高い分野に参入した初期にみられるパターン。営業活動はマイナスであるが，財務活動を通じて現金を調達し投資活動に充てるパターン。
⑦	－	＋	－	【極めて不健全な企業経営状況】 営業活動によるキャッシュ・フローはマイナスであるが，投資の中止などにより現金を回収し，資金の返済に充てているパターン。倒産リスクが高いパターン。
⑧	－	－	－	【極めて不健全な企業経営状況】 すべてのキャッシュ・フローがマイナスであり，現金残高が減少し，急速に流動性が低下しているパターン。倒産リスクが高いパターン。

Lesson 4　キャッシュ・フロー計算書　21

練習問題3. キャッシュ・フロー計算書の仕組みの理解

連結キャッシュ・フロー計算書

（百万円）

	2015年11月	2016年11月	2017年11月
営業活動によるキャッシュ・フロー			
税金等調整前当期純利益	28,663	30,290	30,783
減価償却費	19,094	18,254	16,794
減損損失	373	89	581
退職給付制度終了損			1,309
のれん償却額	229	221	407
退職給付費用	1,222	993	1,740
持分法による投資損益（△は益）	△ 134	△ 295	△ 93
投資有価証券評価損益（△は益）	9	320	14
関係会社出資金評価損	257		
負ののれん発生益	△ 105		
段階取得に係る差損益（△は益）	△ 830		
持分変動損益（△は益）	△ 1,197		
抱合せ株式消滅差損益（△は益）	△ 901		
退職給付に係る負債の増減額（△は減少）	473	154	△ 706
退職給付に係る資産の増減額（△は増加）	△ 1,653	△ 1,837	△ 1,821
売上割戻引当金の増減額（△は減少）	△ 112	△ 71	51
役員賞与引当金の増減額（△は減少）	56	△ 9	△ 39
賞与引当金の増減額（△は減少）	340	334	△ 53
貸倒引当金の増減額（△は減少）	△ 89	△ 287	1
受取利息及び受取配当金	△ 572	△ 538	△ 584
支払利息	314	311	376
投資有価証券売却損益（△は益）	52	△ 396	△ 1,179
固定資産除売却損益（△は益）	1,258	1,025	988
売上債権の増減額（△は増加）	8,854	2,114	△ 2,064
たな卸資産の増減額（△は増加）	△ 1,151	1,905	△ 1,477
仕入債務の増減額（△は減少）	△ 12,687	2,072	△ 1,152
未払金の増減額（△は減少）	△ 2,736	1,416	△ 1,058
未払消費税等の増減額（△は減少）	△ 802	△ 450	676
長期未払金の増減額（△は減少）	△ 73	△ 185	△ 70
その他	△ 323	△ 1,646	△ 3,989
小計	37,830	53,787	39,436
利息及び配当金の受取額	627	670	622
利息の支払額	△ 314	△ 309	△ 359
法人税等の支払額	△ 10,049	△ 8,888	△ 12,464
営業活動によるキャッシュ・フロー	28,094	45,260	27,234
投資活動によるキャッシュ・フロー			
有価証券の取得による支出	△ 10,000		
有価証券の償還による収入	10,000		
有形固定資産の取得による支出	△ 30,032	△ 31,148	△ 25,499
無形固定資産の取得による支出	△ 1,529	△ 1,290	△ 1,169
補助金収入	416		
連結の範囲の変更を伴う子会社株式の取得による支出			△ 82
投資有価証券の取得による支出	△ 157	△ 123	△ 892
投資有価証券の売却による収入	178	653	1,651
関係会社株式の売却による収入	58		
子会社株式の取得による支出	△ 21		
子会社株式の売却による収入	30		
連結の範囲の変更を伴う子会社株式の取得による収入	44		
短期貸付金の純増減額（△は増加）	△ 82	333	△ 279
長期貸付けによる支出	△ 21	△ 39	△ 264
長期貸付金の回収による収入	19	24	126
定期預金の預入による支出	△ 98	△ 3	△ 219
定期預金の払戻による収入	117	3	
事業譲受による支出			△ 4,568
その他	△ 102	△ 456	△ 223
投資活動によるキャッシュ・フロー	△ 31,181	△ 32,046	△ 31,421

	2015年11月	2016年11月	2017年11月
財務活動によるキャッシュ・フロー			
短期借入金の純増減額（△は減少）	△ 541	△ 1,312	△ 1,180
リース債務の返済による支出	△ 1,753	△ 1,350	△ 1,785
長期借入れによる収入	1,303	8,640	25,700
長期借入金の返済による支出	△ 1,466	△ 1,942	△ 2,261
少数株主からの払込みによる収入	181	254	
配当金の支払額	△ 3,642	△ 4,749	△ 5,639
少数株主への配当金の支払額	△ 550	△ 610	△ 767
自己株式の取得による支出	△ 79	△ 4,734	△ 10,024
子会社の自己株式の取得による支出	△ 551		
その他			△ 30
財務活動によるキャッシュ・フロー	△ 7,101	△ 5,805	4,010
現金及び現金同等物に係る換算差額	235	△ 1,458	797
現金及び現金同等物の増減額（△は減少）	△ 9,952	5,949	621
現金及び現金同等物の期首残高	44,788	34,841	40,790
非連結子会社との合併に伴う現金及び現金同等物の増加額	5		
現金及び現金同等物の期末残高	34,841	40,790	41,411

出所：キユーピー株式会社のキャッシュ・フロー計算書。eol データベースにより作成

Q. キユーピー株式会社の3年間の資金収支の状況についてキャッシュ・フローの各活動パターンとフリー・キャッシュ・フローを計算して分析してください。

	2015年11月	符号	2016年11月	符号	2017年11月	符号
CFO						
CFI						
CFF						
FCF						

【分析のヒント】

（1）①から⑧までのパターンのどのタイプか。

（2）FCF がプラスかマイナスか。マイナスの場合は，投資活動によるキャッシュ・フローは営業活動によるキャッシュ・フローの範囲内か否か。マイナスの場合には，借入などによって補っていることを意味する。

（3）現金及び現金同等物の期末残高にも注目して，資金の増減状況にも注意してみる。

MEMO

Lesson 5
安全性分析① 貸借対照表による分析

> **本 Lesson でわかるポイント**
> ◎貸借対照表を使って企業の安全性が分析できるようになる。

① 安全性分析

　安全性分析は，貸借対照表を使って企業の債務の返済能力や財務の健全性を分析する。貸借対照表の構成項目の比率をみることで，その企業の資金調達の状況，1年以内の支払状況をみる短期的支払能力や1年以上先の支払状況をみる長期的支払能力を知ることができる。

図表5−1　貸借対照表

流動資産　　当座資産　　棚卸資産　　その他流動資産	流動負債	他人資本
	固定負債	
固定資産　　有形固定資産　　無形固定資産　　投資その他の資産	純資産　　株主資本　　評価・換算差額等　　新株予約権	自己資本
繰延資産		
資産合計　➡　総資産	負債・純資産合計　➡　総資本	

　分析では，貸借対照表の次の項目について，負債 ⇒ 他人資本，純資産 ⇒ 自己資本，資産合計 ⇒ 総資産，負債・純資産合計 ⇒ 総資本と呼ぶことがある。また，繰延資産はあっても額が小さいため除いて分析することがある。

財務健全度	企業の資金調達の健全度を自己資本と他人資本の割合で判断する。 ◎総資本・純資産のバランスでみる ⇒ 自己資本比率
短期的支払能力	1年以内に返済する債務への返済能力を1年以内に現金化する項目でカバーできているか否かで判断する。 ◎流動資産・流動負債のバランスでみる ⇒ 流動比率 当座比率 手元流動性比率
長期的支払能力	1年以上の長期的な債務返済能力を固定資産と資金調達の関係で判断する。 ◎固定資産・純資産・固定負債のバランスでみる ⇒ 固定比率 固定長期適合率

❷ 安全性比率

貸借対照表を使用した安全性分析では以下の比率を算出して分析する。判断の目安を示しているが，あくまでも目安であるため実際に分析するときには過去数年の比率や同業他社との比較を通じて企業の傾向を把握することが重要である。

（1）財務健全度

総資本全体に占める自己資本の割合をみる。自己資本比率が高いほど財務状況が安全であると判断する。

$$自己資本比率（\%）＝\frac{株主資本＋その他の包括利益累計額}{負債・純資産合計}×100$$

$$＝\frac{自己資本}{総資本}×100$$

☆判断の目安 50％以上が望ましい

（2）短期的支払能力（流動比率・当座比率・手元流動性比率）

短期的支払能力は流動資産と流動負債のバランスをみて分析する。一般的には，流動比率 ⇒ 当座比率 ⇒ 手元流動性比率の順番で分析することが多い。

① 流動比率

1年以内に返済しなければならない流動負債が，1年以内に現金化する流動資産によってカバーされているかによって判断する。ただし，不良在庫（デッドストック）

などが多くても流動比率は高くなるためその点に注意を要する。

$$流動比率（\%）= \frac{流動資産}{流動負債} \times 100$$ ☆判断の目安　200％以上が望ましい

② 当座比率

流動資産の中で換金性の高い当座資産と流動負債のバランスで判断する。比率算出の際は，分子の当座資産合計額から貸倒引当金の金額を控除すること。

$$当座比率（\%）= \frac{当座資産}{流動負債} \times 100$$ ☆判断の目安　100％以上が望ましい

③ 手元流動性比率

当座資産の中には回収しなければ現金化しない売上債権（売掛金・受取手形）が含まれる。そこでよりシビアに分析するため，現金・預金と（売買目的）有価証券の手元流動性と月商の割合で分析する。

$$手元流動性比率（月）= \frac{現金・預金 + 有価証券}{売上高 \div 12}$$ ☆判断の目安　1.2ヵ月程度

（3）長期的支払能力（固定比率・固定長期適合率）

① 固定比率

長期的に使用する建物，機械設備などの固定資産は，返済期限のない自己資本でカバーするのが望ましい。

$$固定比率（\%）= \frac{固定資産}{自己資本} \times 100$$ ☆判断の目安　100％以下が望ましい

② 固定長期適合率

実際には，固定資産が自己資本の範囲内で収まることは少ない。そのため，分母の自己資本に返済期限までの期間的余裕がある固定負債を加えた固定長期適合率も補助的に使って分析することがある。分母は純資産と固定負債の合計額であり，これを長期安定資本と呼ぶことがある。

$$固定長期適合率（\%）= \frac{固定資産}{純資産 + 固定負債} \times 100$$

☆判断の目安　低いほど望ましい

練習問題 4. 貸借対照表による安全性分析

任天堂株式会社

連結貸借対照表 （百万円） 2018/03/31現在

資産の部		負債の部	
流動資産		**流動負債**	
現金及び預金	744,555	支払手形及び買掛金	138,015
受取手形及び売掛金	69,829	未払法人税等	43,390
有価証券	243,431	賞与引当金	3,217
たな卸資産	141,795	その他	93,452
繰延税金資産	10,834	流動負債合計	278,076
その他	66,405	**固定負債**	
貸倒引当金	△ 87	退職給付に係る負債	16,609
流動資産合計	1,276,764	その他	15,487
固定資産		固定負債合計	32,097
有形固定資産		負債合計	310,173
建物及び構築物（純額）	36,094	**純資産の部**	
機械装置及び運搬具（純額）	1,450	株主資本	
工具，器具及び備品（純額）	3,915	資本金	10,065
土地	41,812	資本剰余金	13,742
建設仮勘定	653	利益剰余金	1,564,240
有形固定資産合計	83,926	自己株式	△ 250,679
無形固定資産		株主資本合計	1,337,369
ソフトウエア	11,487	その他の包括利益累計額	
その他	2,533	その他有価証券評価差額金	16,402
無形固定資産合計	14,020	為替換算調整勘定	△ 34,736
投資その他の資産		その他の包括利益累計額合計	△ 18,334
投資有価証券	198,538	非支配株主持分	4,540
繰延税金資産	37,094	純資産合計	1,323,574
退職給付に係る資産	7,931	負債純資産合計	1,633,748
その他	15,503		
貸倒引当金	△ 30		
投資その他の資産合計	259,037		
固定資産合計	356,984		
資産合計	1,633,748		

キッセイ薬品工業株式会社

連結貸借対照表 （百万円） 2018/03/31現在

資産の部		負債の部	
流動資産		**流動負債**	
現金及び預金	24,371	支払手形及び買掛金	4,894
受取手形及び売掛金	28,873	短期借入金	1,757
有価証券	23,288	未払法人税等	2,375
商品及び製品	4,933	賞与引当金	2,225
仕掛品	1,110	役員賞与引当金	26
原材料及び貯蔵品	9,889	返品調整引当金	22
繰延税金資産	2,436	売上割戻引当金	407
その他	5,698	販売費引当金	189
貸倒引当金	△ 1	その他	5,550
流動資産合計	100,599	流動負債合計	17,448
固定資産		**固定負債**	
有形固定資産		長期借入金	1,876
建物及び構築物	38,489	繰延税金負債	12,201
減価償却累計額	△ 28,030	役員退職慰労引当金	151
建物及び構築物（純額）	10,458	退職給付に係る負債	4,623
土地	12,913	資産除去債務	114
建設仮勘定	19	その他	577
その他	15,703	固定負債合計	19,546
減価償却累計額	△ 12,698	負債合計	36,994
その他（純額）	3,005	**純資産の部**	
有形固定資産合計	26,396	株主資本	
無形固定資産		資本金	24,356
ソフトウエア	1,028	資本剰余金	24,226
その他	687	利益剰余金	102,834
無形固定資産合計	1,716	自己株式	△ 11,607
投資その他の資産		株主資本合計	139,809
投資有価証券	81,194	その他の包括利益累計額	
長期貸付金	98	その他有価証券評価差額金	36,752
長期前払費用	1,608	退職給付に係る調整累計額	△ 859
繰延税金資産	500	その他の包括利益累計額合計	35,892
その他	1,026	非支配株主持分	390
貸倒引当金	△ 54	純資産合計	176,092
投資その他の資産合計	84,374	負債純資産合計	213,087
固定資産合計	112,487		
資産合計	213,087		

Q. 任天堂株式会社とキッセイ薬品工業株式会社の安全性比率を計算して安全性を分析してみよう。
また，異業種である両社の特徴についても考えてみよう。

【分析の準備】 (単位：百万円)

	任天堂株式会社	キッセイ薬品工業株式会社
①流動資産	円	円
②当座資産	円	円
③手元流動性	円	円
④固定資産	円	円
⑤流動負債	円	円
⑥固定負債	円	円
⑦純資産	円	円
⑧自己資本	円	円

各種比率 （目　安）	任天堂株式会社	キッセイ薬品工業株式会社
流動比率 （200%↑）	%	%
当座比率 （100%↑）	%	%
手元流動性比率 （1.2ヵ月）	月	月
固定比率 （100%↓）	%	%
固定長期適合率 （100%↓）	%	%
自己資本比率 （50%↑）	%	%

〈分析のヒント〉
・当座比率算出の際は，当座資産から貸倒引当金を控除すること。
・任天堂株式会社　売上高　1,055,682（百万円）
　キッセイ薬品工業株式会社　売上高　74,009（百万円）
・自己資本＝株主資本＋その他の包括利益累計額。簡便に計算する際は純資産額を使用。

┌─ チェックポイント ─────────────────────
│ ・短期的支払能力は，流動比率 ⇒ 当座比率 ⇒ 手元流動性比率の順番でみていこう。
│ ・固定長期適合率が100%を超過した場合は，固定資産への返済に充てる資金を流動負債からも支払ってい
│ 　ることを示し，危険性が高い。
│ ・目安はあくまでも目安であり，企業独自の特徴は5年ほどの推移をみて判断してみよう。
└──────────────────────────────────────

Lesson 5　安全性分析①　│ 29

Lesson 6

安全性分析② 回転期間を用いた資金繰り分析など

本 Lesson でわかるポイント

◎回転期間などを使った資金繰り分析ができるようになる。

---

① 回転期間を使った安全性分析

前章では貸借対照表を使った安全性分析について説明をしたが，それ以外にも貸借対照表の項目による回転期間を使って資金繰りの分析ができる。回転期間で資金繰りをみる場合には，棚卸資産回転期間，売上債権回転期間，買入債務回転期間が使用される。回転期間による分析は，月数（日数）によって判断をする。月数でみたい場合は12，日数でみたい場合には365を掛ける。なお，比率を算出する際は，分子が貸借対照表，分母が損益計算書の項目であるため，分子・分母の期間整合性をとるため分子の貸借対照表項目は期首・期末平均で算出する。回転日数を分析したい場合には，365日を乗ずる。

$$回転期間（月）＝\frac{投下資本（前期・当期平均）}{売上高}×12$$

（1）棚卸資産回転期間

$$棚卸資産回転期間（月）＝\frac{棚卸資産（前期・当期平均）}{売上高}×12$$

棚卸資産（商品・製品・半製品・原材料・仕掛品など）の増加は，負債の増加，支払利息の発生，保管料などの諸費用を発生させる。棚卸資産回転期間を把握することで，適正在庫を判断することができる。月数（日数）が短いほど，在庫の回転が早いことを意味する。

（2）売上債権回転期間

$$売上債権回転期間（月）＝\frac{売上債権（前期・当期平均）}{売上高}×12$$

売上債権（受取手形・売掛金）は，早期回収が望ましい。したがって，売上債権回転期間も期間が短いほうが資金繰りの安全性が高まる。

（3）買入債務回転期間

$$買入債務回転期間（月）＝\frac{買入債務（前期・当期平均）}{売上高}×12$$

買入債務（支払手形・買掛金）の平均的支払期間をみる指標である。企業にとって支払期間が長期になることは資金繰りが楽になる。しかし，長すぎると企業間の信頼関係が損なわれ，仕入・調達先から支払能力を懸念される可能性が生じる。

（4）キャッシュ・コンバージョン・サイクル（CCC：cash conversion cycle）

$$CCC（日）＝棚卸回転期間＋売上債権回転期間－買入債務回転期間$$

キャッシュ・コンバージョン・サイクル（キャッシュ化速度）とは，商品を仕入れてから回収するまでの期間から支払うまでの期間を控除して計算する。CCC が短いほど回収までの期間が短くなるため，資金繰りが楽になる。たとえば，商品を仕入れてから販売するまでの期間が75日（棚卸回転期間30日＋売上債権回転期間45日）で，商品仕入から仕入代金の支払いまでの期間が40日（買入債務回転期間）だとすると CCC は，35日＝30＋45－40となる。

❷ その他の指標

インタレスト・カバレッジ

$$インタレスト・カバレッジ（倍）＝\frac{営業利益＋持分法利益＋受取利息・配当金}{支払利息・社債利息等}$$

分子は営業利益に金融収益を加算した数値であり，それら数値で借入金などの利息などへの返済能力をカバーしているかをみる指標である。この指標は，銀行などによる融資判断や社債の格付けに使用される。

練習問題5. 回転期間を使った分析

次の資料を使って当連結会計年度の各回転期間を計算して分析してみよう。

(単位：百万円)

	キッセイ薬品工業株式会社		任天堂株式会社	
	前連結会計年度	当連結会計年度	前連結会計年度	当連結会計年度
決算日	平成29年3月31日	平成30年3月31日	平成29年3月31日	平成30年3月31日
棚卸資産	16,724	15,932	39,129	141,795
売上債権	24,730	28,873	106,054	69,829
買入債務	4,849	4,894	104,181	138,015
売上高	71,706	74,009	489,095	1,055,682

	キッセイ薬品工業株式会社	任天堂株式会社
棚卸資産回転期間	日	日
売上債権回転期間	日	日
買入債務回転期間	日	日
CCC	日	日

〈分析のヒント〉
・分子の貸借対照表項目は期首・期末平均値を使用する。

チェックポイント

・棚卸資産回転期間，売上債権回転期間，買入債務回転期間は，商慣習によってかなりの差が生じる。一般的に製薬業界は長くなる傾向がある。
・業種の違いも考慮して考えてみよう。

Lesson 7
収益性分析① 資本利益率

> **本 Lesson でわかるポイント**
> ◎総合的な収益性指標の各種資本利益率について理解することができる。

① 収益性の総合指標としての資本利益率

　企業の効率的な利益獲得状況をみる指標が資本利益率である。資本利益率は，'投下した資本でいくら利益を獲得することができたのか' ということを測る指標であり，投下資本（貸借対照表の項目）と利益（損益計算書の項目）を使って分析する。

$$資本利益率（\%）＝\frac{利\ \ 益\ \ （損益計算書項目）}{資\ \ 本\ \ （貸借対照表項目）}×100$$

　分子は損益計算書，分母は貸借対照表の項目で計算するため，分子・分母の期間的整合性を保つため，分母は，前期・当期平均値を使用する。

② 各種資本利益率

　ひとことに資本利益率といっても，利益と資本の組み合わせによっていくつかの資本利益率がある。指標をみる際は，分子・分母の項目もチェックすることが大切である。

各種利益率	利益（分子）	資本（分母）
①総資本経常利益率（ROA）	経常利益	総資本
②経営資本営業利益率	営業利益	経営資本
③自己資本当期純利益率（ROE）	当期純利益	自己資本

① 総資本経常利益率（ROA）

$$総資本経常利益率（\%）＝\frac{経常利益}{総資本（前期・当期平均）}\times 100$$

　企業の総合的な収益性指標である。分母は総資本を使用する。10%以上が理想とされるが，業種ごとに異なる。分子に経常利益の代わりに事業利益が使用されることがある。

＊事業利益＝営業利益＋受取利息＋受取配当金＋持分法利益

② 経営資本営業利益率

$$経営資本営業利益率（\%）＝\frac{営業利益}{経営資本（前期・当期平均）}\times 100$$

＊経営資本＝総資産－（建設仮勘定＋投資その他の資産＋繰延資産）

　本業のための資産（経営資本）がどれだけの利益を生み出しているかをみる指標である。そのため経営資本に対応する利益としては営業利益がふさわしい。

③ 自己資本当期純利益率（ROE）

$$自己資本当期純利益率（\%）＝\frac{当期純利益}{自己資本（前期・当期平均）}\times 100$$

　自己資本がどれだけの利益を生み出しているかという，自己資本の効率的な活用をみる指標が，自己資本当期純利益率である。株主・投資家が重視する指標であり，自己資本に対応する利益には，配当の源泉となる当期純利益がふさわしい。

❸ 資本利益率の分解

　資本利益率は総合的な指標なので，より詳細に経営の巧拙をみたい場合には，資本利益率の分母と分子に売上高を掛けることによって，売上高利益率と総資本回転率に分解してみることが望ましい。それにより収益性の高低の原因分析が可能になる。

（1）総資本経常利益率の分解

$$総資本経常利益率 = \frac{経常利益}{総資本} \times 100$$

$$= \underbrace{\frac{経常利益}{売上高}}_{売上高経常利益率（\%）} \times \underbrace{\frac{売上高}{総資本}}_{総資本回転率（回）} \times 100$$

　売上高経常利益率（**収益性**）　　総資本回転率（**効率性**）

　売上高経常利益率は売上高に対する経常利益の割合であり、総資本回転率は、総資本が売上高の獲得にどれだけ効率的に使われたのかがわかる指標で、「回」で示される。回数がピンとこない場合には、総資本の何倍の売上高があるのかという「倍」ととらえるとわかりやすくなる。

　たとえば、総資本経常利益率がともに10%の会社があり、比率を分解したら以下のようになったとする。この結果から、利益率の高い製品を提供しているのがA社、総資本回転率の高いB社は薄利多売なビジネスを展開している、というようにビジネスの特徴を把握することができる。

	総資本経常利益率（%）	売上高経常利益率（%）	総資本回転率（回）
A社	10	5	2
B社	10	1	10

（2）自己資本当期純利益率（ROE）の分解

$$自己資本当期純利益率（\%） = \frac{当期純利益}{自己資本} \times 100$$

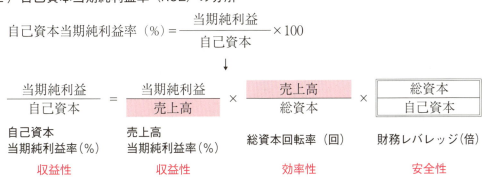

　自己資本当期純利益率（ROE）は、売上高当期純利益率、総資本回転率、財務レバレッジの3つに分解され、それぞれ収益性、効率性、安全性を示している。財務レバレッジは調達資本に対する梃子であり、総資本に対して他人資本（＝負債）を増やせば財務レバレッジは高くなり、結果、ROEの数値が大きくなる。ただし、負債は返済義務のある借金であるため財務レバレッジが高すぎると財務健全度が損なわれる危険もある。

練習問題6. 資本利益率の分析

（単位：百万円）

	キユーピー株式会社		任天堂株式会社	
	前連結会計年度	当連結会計年度	前連結会計年度	当連結会計年度
決算日	平成28年11月30日	平成29年11月30日	平成29年3月31日	平成30年3月31日
総資産	385,914	419,207	1,468,978	1,633,748
建設仮勘定	7,238	4,571	3	653
投資その他の資産	46,700	59,769	228,851	259,037
総資本	385,914	419,207	1,468,978	1,633,748
株主資本	215,047	217,509	1,262,239	1,337,369
その他の包括利益累計額	△2,426	8,929	△11,399	△18,334
営業利益	29,818	31,261	29,362	177,557
経常利益	31,364	32,511	50,364	199,356
当期純利益	17,093	18,099	102,574	139,590

〈分析のヒント〉

＊総資産＝資産合計，総資本＝負債純資産合計

＊自己資本＝株主資本＋その他の包括利益累計額

＊経営資本＝総資産－建設仮勘定－投資その他の資産

＊比率算出の際，分母の貸借対照表の項目は期首・期末平均値を使用すること。

Q1．当連結会計年度の各資本利益率を算出してみよう。

当連結会計年度	キユーピー株式会社	任天堂株式会社
総資本経常利益率（ROA）	％	％
経営資本営業利益率	％	％
自己資本当期純利益率（ROE）	％	％

Q2．ROA や ROE を算出したら，比率分解をしてより詳細な分析をしてみよう。

ROA ＝売上高経常利益率（％）×総資本回転率（回）

ROE ＝売上高当期純利益率（％）×総資本回転率（回）×財務レバレッジ（倍）

Lesson 8
収益性分析② 売上高利益率

> **本 Lesson でわかるポイント**
> ◎売上高利益率は売上高に占める各利益の割合であり，それらを分析することで収益性の要因分析ができる。

❶ 売上高利益率

　売上高利益率は，損益計算書の売上高に占める各種利益の割合をみることで収益性を把握することができる。

$$売上高利益率（\%）＝\frac{利\quad益}{売上高}\times100$$

損益計算書	金額	対売上高比率	
売上高	100	100%	
売上原価	70	70%	
売上総利益	30	**30%**	➡ ①売上高売上総利益率
販売費及び一般管理費	25	25%	
営業利益	5	**5 %**	➡ ②売上高営業利益率
営業外収益	5	5 %	
営業外費用	3	3 %	
経常利益	7	**7 %**	➡ ③売上高経常利益率
特別利益	3	3 %	
特別損失	2	2 %	
税引前当期純利益	8	**8 %**	➡ ④売上高税引前当期純利益率
法人税等	4	4 %	
当期純利益	4	**4 %**	➡ ⑤売上高当期純利益率

　損益計算書の各種売上高利益率を算出したら，各利益率の高低から，企業の収益性を分析する。売上高利益率は，損益計算書の５つの利益の流れにそって分析することで，損益

| 37

計算書の段階ごとの特徴や問題点を見つけ出すことができる。また，比率にすることで同業他社との比較分析もすることができる。

② 売上高利益率分析のポイント

収益性分析のポイントを以下の表にまとめた。

損益計算書	対売上高比率	分析のポイント
売上高 売上原価	100% 70%	➡ 売上高＝販売単価×販売数量
売上総利益	30%	➡ ①売上高売上総利益率 ・売上高売上総利益率は，売上原価の影響を受ける。 ・業種によって差がある。
販売費及び一般管理費	25%	
営業利益	5%	➡ ②売上高営業利益率 ・営業利益は販管費の影響を受ける。 ・販管費の内訳について注記情報を利用すると人件費や研究開発費の割合がわかる。
営業外収益 営業外費用	5% 3%	
経常利益	7%	➡ ③売上高経常利益率 ・経常利益は，金融損益の影響を受けるため，金融損益の分析をあわせて行うことが必要である。 売上高純金利負担率（%） 　＝（金融費用－金融収益）／売上高×100 ・純金利は，金融費用から金融収益を引いて算出する。この比率はマイナスであるほうがよい。
特別利益 特別損失	3% 2%	
税引前当期純利益	8%	➡ ④売上高税引前当期純利益率 ・特別損益の影響を受ける。
法人税等	4%	
当期純利益	4%	➡ ⑤売上高当期純利益率

①売上高売上総利益率を高めるためには，販売単価を上げて売上高を増加させたり売上原価を下げる必要がある。②売上高営業利益率を高めたければ，①を増加させると同時に販管費を削減する必要がある。販管費の内訳を注記から把握して人件費等のコスト分析をしてみよう。③売上高経常利益率は，金融損益の影響を受ける。そのためこの比率を高めたければ，支払利息等の金融費用を減らし，金融収益を高めればよい。④売上高税引前当期純利益率は特別損益の影響を受けるため，極端に高くなったり，低くなったりした場合には，事業構造を大きく変えようとしていたり，あるいは，災害などの影響がでるため，定性情報などからその要因をみることが大切である。

練習問題 7. 売上高利益率の分析

(単位：百万円)

任天堂株式会社
自　平成29年4月1日
　　　至　平成30年3月31日

売上高	1,055,682
売上原価	652,141
売上総利益	403,540
販売費及び一般管理費	225,983
営業利益	177,557
営業外収益	
受取利息	9,064
持分法による投資利益	10,318
その他	4,126
営業外収益合計	23,509
営業外費用	
売上割引	
有価証券償還損	794
為替差損	766
その他	150
営業外費用合計	1,710
経常利益	199,356
特別利益	
固定資産売却益	821
投資有価証券売却益	490
訴訟関連損失戻入額	1,929
特別利益合計	3,240
特別損失	
固定資産処分損	366
投資有価証券売却損	2
事業再編損	
訴訟関連損失	1,138
特別損失合計	1,507
税金等調整前当期純利益	201,090
法人税，住民税及び事業税	56,977
法人税等調整額	3,167
法人税等合計	60,144
当期純利益	140,945
非支配株主に帰属する当期純利益	1,354
親会社株主に帰属する当期純利益	139,590

キッセイ薬品工業株式会社
自　平成29年4月1日
　　　至　平成30年3月31日

売上高	74,009
売上原価	25,878
売上総利益	48,131
返品調整引当金戻入額	11
返品調整引当金繰入額	22
差引売上総利益	48,120
販売費及び一般管理費	38,232
営業利益	9,887
営業外収益	
受取利息	33
受取配当金	1,048
有価証券評価益	387
その他	89
営業外収益合計	1,558
営業外費用	
支払利息	23
為替差損	
その他	8
営業外費用合計	32
経常利益	11,414
特別利益	
固定資産売却益	
投資有価証券売却益	320
特別利益合計	320
特別損失	
固定資産処分損	37
減損損失	
関係会社株式評価損	
関係会社出資金評価損	
特別損失合計	37
税金等調整前当期純利益	11,697
法人税，住民税及び事業税	3,223
法人税等調整額	△ 624
法人税等合計	2,598
当期純利益	9,098
非支配株主に帰属する当期純利益	52
親会社株主に帰属する当期純利益	9,045

＊非会社株主に帰属する当期純利益，親会社株主に帰属する当期純利益は連結損益計算書特有の項目である。売上高当期純利益率の算出に当たっては，「親会社株式に帰属する当期純利益」を使用する。

Q. 資料を使って，3社の各売上高利益率を算出し，利益率の増減について分析してみよう。

	キユーピー株式会社	任天堂株式会社	キッセイ薬品工業株式会社
売上高売上総利益率	22.9%	%	%
売上高販管費率	17.4%	%	%
売上高営業利益率	5.6%	%	%
売上高純金利負担率	−0.05%	%	%
売上高経常利益率	5.8%	%	%
売上高当期純利益率	3.2%	%	%

（注）①キユーピー株式会社の数値は Lesson 3の損益計算書の数値を使用して算出している。
　　　②売上高当期純利益率の当期純利益は，親会社株式に帰属する当期純利益を使用する。

〈分析のヒント〉
・売上高売上総利益率は業種ごとの傾向が強く現れる比率である。
・各売上高利益率を計算したら，比率間の費用にも注目してみよう。販管費については注記情報を参考にしよう。
　キッセイ薬品工業株式会社の注記を掲載した。製薬業界の特徴として，研究開発費が高い割合を示していることがわかる。製薬業界は新薬開発のため莫大な研究開発費を投じる業種であることが，数値からもわかるであろう。

【参考資料】

※1　販売費及び一般管理費のうち主要な費目及び金額は，次のとおりであります。

	前連結会計年度 （自　平成28年4月1日 至　平成29年3月31日）	当連結会計年度 （自　平成29年4月1日 至　平成30年3月31日）
販売費引当金繰入額	189百万円	189百万円
給料手当・賞与	8,187	7,996
賞与引当金繰入額	1,325	1,403
役員賞与引当金繰入額	25	26
役員退職慰労引当金繰入額	15	17
退職給付費用	756	677
減価償却費	695	784
研究開発費	13,877	14,179

※2　一般管理費に含まれる研究開発費の総額は，次のとおりであります。

	前連結会計年度 （自　平成28年4月1日 至　平成29年3月31日）	当連結会計年度 （自　平成29年4月1日 至　平成30年3月31日）
	13,877百万円	14,179百万円

出所：キッセイ薬品工業株式会社有価証券報告書（平成29年度3月期）

Lesson 9
生産性分析

> **本 Lesson でわかるポイント**
> ◎生産性の意味と分析方法を理解する。
> ◎生産性分析では従業員や設備がどれだけの付加価値を生み出しているかを知ることができる。

❶ 生産性

生産性とは，投入高に対する産出高の割合を示している。

$$生産性 = \frac{産出高（output）}{投入高（input）} \times 100$$

　たとえば，分子の産出高に売上高，分母の投入高に従業員数を用いれば，1人当たり売上高という生産性指標が算出される。生産性の高低は，資源（人・モノ）の効率性を意味しており，付加価値の分析が重要なポイントとなる。

❷ 付加価値

　付加価値とは，外部購入価値（前給付価値，前給付原価）に新たな価値（＝付加価値）を付加し，売上高として外部に提供するもので，またその価値を示している。

（1）付加価値の算出方法
　付加価値の算出方法には，控除法と加算法がある。

① 控除法
　　付加価値 ＝ 総生産高 － 前給付費用
　　　＊純生産高 ＝ 売上高 ＋ 製品・仕掛品在庫増加分

② **加算法**

付加価値 ＝ 人件費 ＋ 賃借料 ＋ 税金 ＋ 他人資本利子 ＋ 当期純利益

　公表された財務諸表を使って，①および②の付加価値を算出する場合にはいずれの場合にも問題点があることに注意せよ。控除法の場合には，総生産高から控除する前給付費用の内訳が特定できない点である。加算法では，製造業における製造費用に含まれる人件費を把握することができない点である。

(参考) 本レッスンの付加価値算出方法は，桜井久勝『財務諸表分析　第7版』中央経済社，2018年を参考にしている。

❸ 労働生産性

（1）労働生産性（従業員1人当たり付加価値額）

$$労働生産性（従業員1人当たり付加価値額） ＝ \frac{付加価値額（産出高）}{従業員数（投入高）}$$

　生産性分析の代表的な指標が労働生産性である。従業員1人当たりがどれだけの付加価値を生み出すかをみる指標である。従業員数は期首期末平均値を使用する。

（2）労働生産性の分解（売上高を使った分解）

　労働生産性も資本利益率と同様に，分母と分子に売上高を乗ずることによって2つの比率に分解できる。

$$\frac{付加価値額}{従業員数} ＝ \frac{売上高}{従業員数} \times \frac{付加価値額}{売上高}$$

$$[労働生産性] \qquad [1人当たり売上高] \qquad [付加価値率]$$

　2つの比率に分解することで，労働生産性を高めるためには1人当たり売上高か付加価値率のいずれかを高めなければならないことがわかる。

　先にも示したように，公表されている財務諸表だけで付加価値を計算するのには限界があるため，生産性を評価する指標としてよく使用されるのが1人当たり売上高である。たとえば，売上高が1,000と2,000の同業種のA と B社がある。従業員数はいずれも250人であるとすると，1人当たり売上高はA社が4，B社が8となり，B社の生産性が高いと判断される。1人当たり売上高は業種によってかなりの差があるのでその点に注意する必要がある。

Lesson 9　生産性分析　│43

（3）労働生産性の分解（有形固定資産を使った分解）

労働生産性は，売上高を用いた分解以外に有形固定資産を使った分解もある。この場合，企業の設備面（有形固定資産）から生産性の把握が可能となる。

$$\underset{\text{［労働生産性］}}{\frac{\text{付加価値額}}{\text{従業員数}}} = \underset{\text{［労働装備率］}}{\frac{\text{有形固定資産}}{\text{従業員数}}} \times \underset{\text{［設備生産性］}}{\frac{\text{付加価値額}}{\text{有形固定資産}}}$$

労働装備率は，従業員1人当たりの設備投資額を示しており，設備生産性は付加価値額に対する有形固定資産なので，設備の効率性を示している。したがって，労働生産性を高めるには設備投資と設備利用効率を上げることが必要であることがわかる。装置産業などでは労働装備率が高くなる傾向がある。

④ 労働分配率

$$労働分配率（\%）= \frac{\text{人件費}}{\text{付加価値額}} \times 100$$

付加価値額に占める人件費の割合は高い。労働分配率が高くなれば利益分配率は低くなる。しかし，企業の成長のためにも優秀な人材の確保は不可欠である。人件費水準を付加価値額と比較して判断・調整することが重要である。

⑤ 生産性分析の事例

キユーピー株式会社の「主要な経営指標等の推移」の数値を使用して，平成29年11月の1人当たり売上高を計算した。

キユーピー株式会社

決算年月	平成28年11月	平成29年11月
売上高（百万円）	552,306	561,688
従業員数（人）	14,095	14,924
平均臨時従業員数（人）	11,150	11,456
1人当たり売上高（百万円）		28

分母の従業員数は，従業員数の期首期末平均値（14,509.5人）に平均臨時従業員数に2分の1を掛けた平均値（5,651.5人）を加えた数値を使用した。

Lesson 10
成長性分析

> **本 Lesson でわかるポイント**
> ◎成長性の意味を知る。
> ◎成長性分析の方法を理解する。

① 成長性

　企業は，経営理念や経営戦略・計画に基づき経営が営まれていく。企業が存続していくためには成長が不可欠であるが，企業の'成長'は何によって測るのか。企業の成長性の尺度にはさまざまな項目があるが，一般的には売上高や利益などの伸び率や，基準となる年度に対する比率などで示される。

② 成長性の分析方法

（1）前年度比率
　前年度比率は，当該年度と前年度の1年間の伸び具合を比率にして成長性をみる。

$$前年度比率（\%）=\frac{当年度値-前年度値}{前年度値}\times100$$

（2）対基準年度比率
　対基準年度比率は，ある特定年度に対する当該年度の割合をみて，当該年度の数値の変化を把握する。

$$対基準年度比率（\%）=\frac{当年度値}{基準年度値}\times100$$

❸ 成長性分析のポイント

前年度比率や対基準年度比率を算出して，数年間の財務数値の趨勢をみることで，企業の収益性や安全性などの変化を把握することが可能になる。特に数値が大きく変化しているような年度については，その企業に起こった事象などを定性情報などで調べることで，より深い企業分析が可能となる。

❹ 成長性分析の事例

キユーピー株式会社の有価証券報告書（平成29年11月）の「主要な経営指標等の推移」の数値をもとに前年度比率と平成25年11月を基準年度とした対基準年度比率をまとめたものである。エクセルに数式を入力すれば容易に計算することができる。他の比率も同様である。5年間くらいの推移で数値を分析すると，その企業の傾向がよくわかる。

前年度比率からは，年度によって成長率の高い年度と低い年度があることがわかる。対基準年度比率からは，いずれの会計数値も堅調に伸びていることがわかる。ただし，対基準年度比率を計算するときには，基準年度となる年度の設定に注意が必要である。基準となる年度は正常な経営状態にある年度であり，たとえばマイナスの経営成績がでている年度を基準としても正確な成長性を把握することが難しくなるからである。

(単位：百万円)

決算年月	平成25年11月	平成26年11月	平成27年11月	平成28年11月	平成29年11月
売上高	530,659	553,404	549,774	552,306	561,688
経常利益	23,749	25,368	27,224	31,364	32,511
親会社に帰属する当期純利益	12,567	13,366	16,973	17,093	18,099
総資産額	334,655	356,994	373,017	385,914	419,207

前年度比率（％）

	平成25年11月	平成26年11月	平成27年11月	平成28年11月	平成29年11月
売上高	―	+4.3	−0.7	+0.5	+1.7
経常利益	―	+6.8	+7.3	+15.2	+3.7
親会社に帰属する当期純利益	―	+6.4	+27.0	+0.7	+5.9
総資産額	―	+6.7	+4.5	+3.5	+8.6

対基準年度比率（％）

	平成25年11月	平成26年11月	平成27年11月	平成28年11月	平成29年11月
売上高	—	＋4.3	＋3.6	＋4.1	＋5.8
経常利益	—	＋6.8	＋14.6	＋32.1	＋36.9
親会社に帰属する 当期純利益	—	＋6.4	＋35.1	＋36.0	＋44.0
総資産額	—	＋6.7	＋11.5	＋15.3	＋25.3

管理会計をもちいた経営分析

Lesson 11
管理会計とは生きるための知恵

本 Lesson でわかるポイント
　◎管理会計とは何か？
　◎財務会計と管理会計の時間概念の違い。
　◎意思決定会計と業績評価会計の意味。

　第1部では財務会計の視点から経営分析について学習してきた。ここからは，管理会計の観点から経営分析を学習していこう。しかし管理会計と聞いても，いまひとつ具体的なイメージが浮かばないかもしれない。「管理会計は何か難しそうだ」と捉えている方も多いだろう。たしかに多くの管理会計の教科書をみてみると，最初のページから「意思決定会計」や「業績評価会計」などの専門用語が羅列されている。専門用語から読み取るだけの管理会計は無味乾燥で，実際の生活や仕事からかけ離れているように感じるかもしれない。

　管理会計という言葉の意味を説明するとき，筆者はいつも「管理会計は生きるための知恵・道具である！」と表現している。つまり，管理会計は生活や仕事の中から自然発生的に生まれた知恵の結晶であり，なんら難しいものではない。生活や仕事に密接に関わる，より良く生きるための手法なのである。たとえば多くの主婦の方々は家計簿をつけているが，ここにも管理会計の要素が含まれている。「今月は家計に余裕がありそうだから，家族全員で温泉旅行へ行こうかしら…」。家計簿とは前月に終わった事項を計算するだけではなく，来月以降の家計の予測も行う。その予測に基づき温泉旅行などを決定し，そして終了した月の家計を分析，家計の損益を計算する。

　会計学では，計算された予測値から今後の行動を決めることを「意思決定会計」という。他方，すでに終わった事項を計算し分析することを「業績評価会計」と表現する。家計簿はまさしく生活の知恵・道具。ここに管理会計の原点をみいだすことができる。この事例から管理会計を時間概念で表すと，図表11－1のようになる。財務会計は終了した取引など過去の事項のみを対象とするのに対して，管理会計は過去・現在・未来すべての時制を対象にしていることがわかる。当然，家計簿だけではなく企業でもちいる会計も同様の時間概念である。

しかし本書第2部は，家計簿の解説を目的としているわけではない。したがってここでは民間企業の実務から生まれた知恵・道具としての管理会計を，一般的な実務の順序に沿って取り上げていく。まず，Lesson 12 では，数年後に達成すべき「全社戦略」と「事業戦略」を売上・費用・利益から表現する「中期経営計画」を概説する。

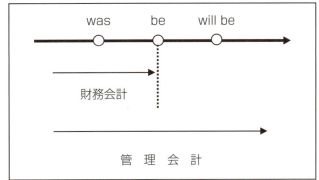

図表11－1　財務会計と管理会計の時間軸概念の相違

出所：筆者作成。

Lesson 13 においては，中期経営計画に基づき，半年または1年の期間で「機能別戦略」を売上・費用・利益などの計画を数値化する「予算」について取り上げる。そして予算と実際の売上・費用・利益の実績値の差異を検証する「予算実績差異分析」を Lesson 14 で学ぶ。Lesson 15 では管理会計の代表的な手法として，費用・収益と売上高・売上数量から損益分岐点を明らかにする「CVP 分析」をみてみよう。Lesson 16 では，知っておきたい管理会計モデルとして，社員教育・内部業務プロセス・顧客・会計の4つの観点から経営戦略を可視化し企業価値の向上をはかることができる「バランス・スコアカード」（BSC）について取り上げてみる。

このように第2部では，一般的に実務で使用される管理会計の手法から，管理会計の意義と事例を学んでいく。これら管理会計をわかりやすく説明するために，本書では病院と小学校に弁当・給食を配給する専門会社の「神宮食品株式会社」をバーチャル（架空）に設立し，どのように管理会計がもちいられているのか，具体的事例を紹介していく。ちなみに，バーチャルの神宮食品株式会社は役員である夫婦2名，従業員5名，創業したばかりの会社であり，経営理念も経営戦略もなく，管理会計も導入していないこととする。そのような会社に，管理会計を導入していく経緯をみていこう。

練習問題8　次の（　）内に適切な語句を記入しなさい。

① 予測されるデータに基づいて投資などの経営判断を行うことを，（　　　　）という。
② 過去のデータに基づいて，売上や利益などの目標達成や未達成について分析を行い，経営戦略の課題をみいだしていくことを（　　　　）という。

Lesson 12

全社戦略・事業戦略 経営戦略としての中期経営計画の策定

本 Lesson でわかるポイント

◎なぜ全社戦略，事業戦略としての中期経営計画を策定するのか？

◎経営戦略体系と管理会計のかかわり

◎中期経営計画の策定事例

　「ウチの会社では数年後の売上・利益など計画していない。そもそも世の中というもの，数年先にどうなるかわからない。明日は明日の風が吹く」。このような企業に，あなたは就職したいと思うだろうか？　企業が計画性のない，いわゆる「その日暮らし」の状態では，取引先も社員も愛想を尽かしてしまうだろう。中長期の視点から経営戦略を進め，計画と実績の差異を分析しながらより良い方向へ進むことが企業には求められる。このような数年先の企業全体の方針・計画を「全社戦略」，事業ごとの方針・計画を「事業戦略」と呼び，それらを数値化したものを「中期経営計画」という。ただし，中期経営計画は，単に「経営者および事業部長が達成したい売上・利益の数値を適当に入れれば良い」というものではない。

　全社戦略と事業戦略を数値化する前に，まず「経営理念」の策定が必要となる。経営理念とは企業の存在意義や方向性を内外へ示す普遍的なものであり，数値ではなく言葉で表現される。本書のバーチャル会社である神宮食品株式会社では，まだ経営理念が策定されていない。そこで神宮食品株式会社は，管理会計を導入するにあたり，まず経営理念の策定からはじめることにした。神宮食品株式会社の社長は，「当社は食をとおして，お客様との相互発展を実現し，社会に貢献することを企業活動の目的とする」という経営理念を策定した。今後の事業拡大を見込み，あえて普遍的な文言を掲げたのである。このように，一般的に企業の経営理念は普遍的で抽象的な内容が多い。しかし抽象的だからこそ，経営理念の中には経営者の魂が刻み込まれている。経営理念は単なるお題目ではなく，経営理念とはその企業の存在意義と遺伝子が内在する，企業戦略の最上位概念なのである。

　さて経営理念について理解した上で，なぜ中期経営計画の策定に経営理念が必要かという話に戻ろう。結論からいえば，経営理念とベクトルが合わない中期経営計画は上手く展開していかないからである。経営理念は永続する継続企業を前提とした長期的概念である。一方，中期経営計画は一般的に 3 年後までの戦略方針を示している。経営戦略的にみると，

3年間は中期間と位置づけられる。しかし経営者は株主と株価対策などのために，短期・近視眼的な中期経営計画を策定しがちである。このような短絡的な中期経営計画を回避するためにも，長期的な視野に立つ経営理念に基づき，中期経営計画を策定することが望ましい。

くわえて，経営理念を具現化するための企業方針として「経営ビジョン」が必要となる。たとえば，「私たちは常にお客様満足度の向上を目指しています」「私たちは常に品質向上の徹底をはかっています」などの目標的なイメージである。そして経営ビジョンを具現化する経営戦略として，「3年後までに売上高50億円・経常利益1億円」「3年後までに新商品開発10件」など大局的な数値目標，つまり「全社戦略」が策定される。そして事業ごとの「事業戦略」が立案され，それらを数値化した三年間計画である「中期経営計画」が策定される。さらに，営業，工場，人事など部門ごとに策定された「機能別戦略」は「予算」として1年ごとに展開される（予算については次章で取り上げる）。これらの関係を図表に示すと，一般的には以下のように体系付けすることができる。

経営戦略策定には，著名な経営学のモデルをもちいると良い。まず，内部環境と外部環境から，自社のStrength（強み）・Weakness（弱み）・Opportunity（機会）・Threat（脅威）を分析する「SWOT分析」は，自社の置かれている状況を客観的に可視化する。内部環境では，内部資源を分析するモデルであるRBV（Resource Based View）の「VRIO分析」（内部資源価値・希少性・模倣困難性・最適組織）が有効である。一方で，外部環境分析はポーターの「Five Forces分析」（供給者の交渉力・買い手の交渉力・競争企業間の敵対関係・新規参入者の脅威・代替品の脅威）が効果的である。これらのモデルは経営戦略の骨子を明確にし，経営戦略へ盤石な根拠を与えてくれるだろう。

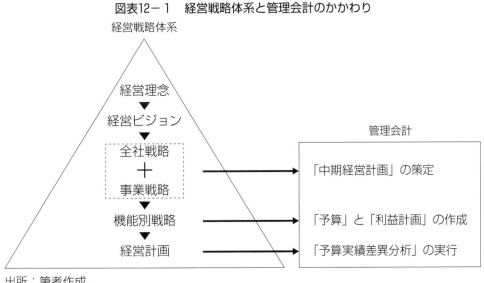

図表12-1　経営戦略体系と管理会計のかかわり

出所：筆者作成。

図表12－2　中期経営計画（神宮食品株式会社・第１期目の例）

■『中期経営計画 目標・実績／差異分析報告書』

会社名	神宮食品株式会社

『中期経営計画 目標・実績！』
[売上2億円・経常利益6千万円達成！]

単位：円

項目	分類	製品内容	3ヶ年＜通期＞目標 目標額（計）	1年度（第1期）目標額（計）	達成状況 実績額（計）	差異額	達成率	評価	第2期 初期目標 目標額（計）	改訂目標 目標額（計）	差異額	増減率	評価	第3期 前期目標 目標額（計）	改訂目標 目標額（計）	差異額	達成率	評価	3ヶ年＜通期＞実績 実績額（計）	差異額	達成率
売上高	製品系列A	弁当A	208,530,000	63,000,000					69,300,000					76,230,000							
	製品系列B	弁当B	238,320,000	72,000,000					79,200,000					87,120,000							
	製品系列C	給食A	119,987,500	36,250,000					39,875,000					43,862,500							
	製品系列D	給食B	6,702,750	2,025,000					2,227,500					2,450,250							
	製品系列E	新商品A	3,800,000	0					800,000					2,000,000							
	製品系列F	新商品B	2,000,000	0					0					0							
		計	579,340,250	173,275,000					191,402,500					214,662,750							
売上原価			173,802,075	51,982,500					57,420,750					64,398,825							
売上原価率			30.00%	30.00%					30.00%					0							
販売管理費			238,055,200	71,920,000					79,112,000					87,023,200							
販売管理費率			41.09%	41.51%					41.33%					0							
営業利益			167,482,975	49,372,500					54,869,750					63,240,725							
営業利益率			28.91%	28.49%					28.67%					0							
経常利益			158,482,975	46,372,500					51,869,750					60,240,725							
経常利益率			27.36%	26.76%					27.10%					0							

達成状況 評価：何を、どの程度達成できたのか、差異はどの程度か。
第2期 評価：何を、どの程度、改訂したか。
第3期 評価：何を、どの程度、改訂したか。

●差異発生の事実と原因の明確化とその対策

【初期計画目標と、改訂目標との差異分析】

初期計画画との差異 ％	増減の原因 何が、どの程度。	具体的な対策 見通しは—。
1. 売上高		
2. 売上原価		
3. 販管費		
4. 営業利益		
5. 経常利益		

【初期計画目標と、改訂目標との差異分析】

初期計画画との差異 ％	増減の原因 何が、どの程度。	具体的な対策 見通しは—。
1. 売上高		
2. 売上原価		
3. 販管費		
4. 営業利益		
5. 経常利益		

【初期計画目標と、改訂目標との差異分析】

初期計画画との差異 ％	増減の原因 何が、どの程度。	具体的な対策 見通しは—。
1. 売上高		
2. 売上原価		
3. 販管費		
4. 営業利益		
5. 経常利益		

出所：筆者作成。

© 2019 株式会社エスシーツー．All rights reserved.

中期経営戦略の数値化においては，目標とする明確な指標を掲げる必要がある。掲げられる指標の多くは，具体的な売上高や利益額である。その際，何の利益を経営戦略の指標・目標とするか？　については特に熟考が必要である。本書第1部の財務会計の部で学んだように，損益計算書には，売上総利益・営業利益・経常利益・税引前当期純利益・税引後当期純利益，5つの利益がある。どの利益を経営計画の目標とするか，についての一般的な基準は存在せず，それぞれの経営者の思想に委ねられる。中期経営計画に決まった公式や正解などは存在していないのである。

　具体的事例として，本書のバーチャル会社である神宮食品株式会社の中期経営計画を，図表12−2でみてみよう。なお，中期経営計画について，特定の書式などは存在していない。会社それぞれの形式があるが，図表12−2ではコンサルティング会社　株式会社エスシーツーの様式をもちいている。この様式は，中期経営計画の策定だけでなく，（後の章で説明する）「予算実績差異分析」や「修正予算・利益計画」にも柔軟に対応できることが特徴である。

練習問題 9　次の（　　）内に適切な語句を記入しなさい。

① （　　　　　　　　）とは，経営理念と経営ビジョンを具体的な計画により達成させるために，中期的な経営戦略，つまり（　　　　　）と（　　　　　）を数値化することである。

② 経営戦略の一般的な体系は，（　　　　　）→（　　　　　　　）→（　　　　　　）→（　　　　　　）→（　　　　　）→（　　　　）である。

③ 経営計画は，全社戦略と事業戦略が（　　　　　　　）として策定され，機能別戦略は（　　）と（　　　　　）として数値化される。予算・利益計画の管理には（　　　　　　　）がもちいられる。

④ 経営戦略を策定する際には，内部環境と外部環境から，自社の（　　）・（　　）・（　　）・（　　）を分析する（　　　　）分析をもちいて，自社の状況を客観的に認識することが不可欠である。

⑤ 内部環境の分析には，内部資源を分析するモデルである RBV の VRIO 分析，つまり（　　　　　　）・（　　　）・（　　　　　　）・（　　　　　）の4要素，外部環境の分析ではポーターの Five Forces 分析（　　　　　　　）・（　　　　　　　）・（　　　　　　　　）・（　　　　　　　）・（　　　　　　）の5つの要素からの分析が効果的である。

Lesson 12　全社戦略・事業戦略　｜ 55

Lesson 13

機能別戦略　予算と利益計画の作成

> **本 Lesson でわかるポイント**
> ◎予算とは何か？
> ◎予算作成と損益計算書のかかわり
> ◎予算の作成事例

　なぜ「予算」の作成が必要なのであろうか？　全社戦略・事業戦略として策定された中期経営計画は，落とし込まれた機能別戦略を「予算」と「利益計画」として，会計期間ごとに管理する必要がある。会計期間とは，たとえば4月1日から翌年3月31日まで1年間の決算期間をさす。このように，中期経営計画と予算・利益計画には，密接な関係性があることがわかる。一般的に予算は，売上高・売上原価・販売費及び一般管理費・営業外収益費用などの項目が会計数値により作成される。さらに，それぞれの予算を組み合わせたものが利益計画として作成される。

　まず，「売上高予算」の作成が必要となる。売上高とは損益計算書の最上段に位置する，すべての収益の源である。したがって仮に精度が低い売上高予算の場合，利益計画に大きな悪影響を与えてしまう。「今期は黒字で予測したのに，赤字になってしまった。営業はいったい何をやっていたのか!?」。経営者がよく嘆くセリフである。しかし嘆いても後の祭り。このようなことにならないためにも，高い精度の売上高予算が求められる。売上高予算は，顧客名・商品名・仕入単価（メーカーの場合は製造原価）・売上単価・売上数量・売上金額・売上時期などの項目をもちいて作成されなければならない。「この客先は昨年の売上実績が100万円だから，今年も100万円の予算でいいや。面倒くさいし」という売上予算の作成は絶対に許されないのである。売上予算の作成者は，「売上高はすべての収益の源泉であり，売上高予算が損益と会社の資金繰りに強い影響力を与える」ことを認識しなければならない。

　つぎは「売上原価予算」の作成である。売上原価予算は，商品ごとに見込まれる仕入金額（製造業の場合は商品ごとの製造原価）から試算できる。この際も，売上高同様に適当な数値を入力することは許されない。なぜならば，仕入金額（もしくは製造原価）の予算と実績が大きく異なる場合，売上総利益いわゆる粗利（あらり）に甚大な影響を与えるからである。

売上総利益は売上高から売上原価を差し引いた利益であり，その後に差し引かれる販売費及び一般管理費の源泉となる。つまり人件費などの経営活動を支えるキャッシュの源泉が売上総利益なのである。たとえば売上総利益100億円の企業の売上高売上総利益率（売上総利益÷売上高×100）が，予算と実績で１％異なる場合，売上総利益にいくらの差異が出るであろうか？　100億円の１％は１億円であるから，１％異なると１億円もの差異が出ることになる。キャッシュの源泉となる売上総利益１億円の差異は，多くの企業にとって看過できない重要な問題となる。

　さらに「販売費及び一般管理費予算」の作成も重要である。販売費及び一般管理費の内訳は人件費・家賃・旅費交通費・会議費・交際費などである。人件費や家賃は概ね固定的であり予測が容易だが，旅費交通費や交際費などは予算枠の中で変動的に管理することが重要である。また「営業外損益予算」も必要となる。営業外損益は手数料収入や，有利子負債の利息など本業以外の損益をさす。予算作成の際には為替差損益などの予測を忘れてはならない。営業利益がプラスだとしても，有利子負債の利息や為替差損が大きい場合には経常利益でマイナスになってしまうからである。逆にいえば，予算と利益計画の作成から適切な借入金の金額や，為替差損に対するリスクヘッジの可否などがみえてくる。このように一連の予算作成の手順から，経営課題が明らかにされていくのである。

　これらの予算と利益計画は，損益計算書と関連して作成される。その関係性を図表13－1に表してみた。また，具体的な予算作成のサンプル事例を図表13－2から13－4まで示す。売上予算や販売費及び一般管理費予算などの作成を経て，利益計画としての通期予算が作成されることがわかる。

図表13－1　予算と損益計算書とのかかわり

売上高	→	売上高予算	
売上原価	→	売上原価予算	
売上総利益			
販売費及び一般管理費	→	販売費及び一般管理費予算	
営業利益			
営業外損益	→	営業外損益予算	利益計画
経常利益			
特別損益			
税引前当期純利益			
法人税等			
税引後当期純利益			

出所：筆者作成。

図表13－2　売上高予算

顧客名：港病院		2019年4月	2019年5月	2019年6月	2019年7月	2019年8月	2019年9月
商品名：弁当A	売上単価	500	500	500	500	500	500
	売上数量	12,000	12,000	12,000	12,000	6,000	12,000
	売上金額	6,000,000	6,000,000	6,000,000	6,000,000	3,000,000	6,000,000
商品名：弁当B	売上単価	800	800	800	800	800	800
	売上数量	8,000	8,000	8,000	6,000	8,000	8,000
	売上金額	6,400,000	6,400,000	6,400,000	4,800,000	6,400,000	6,400,000
売上金額小計		12,400,000	12,400,000	12,400,000	10,800,000	9,400,000	12,400,000
顧客名：渋谷小学校		2019年4月	2019年5月	2019年6月	2019年7月	2019年8月	2019年9月
商品名：給食A	売上単価	350	350	350	350	350	350
	売上数量	10,000	10,000	10,000	7,500	0	10,000
	売上金額	3,500,000	3,500,000	3,500,000	2,625,000	0	3,500,000
商品名：給食B	売上単価	450	450	450	450	450	450
	売上数量	500	500	500	500	0	500
	売上金額	225,000	225,000	225,000	225,000	0	225,000
売上金額小計		3,725,000	3,725,000	3,725,000	2,850,000	0	3,725,000
売上高予算合計		16,125,000	16,125,000	16,125,000	13,650,000	9,400,000	16,125,000

出所：筆者作成。

図表13－3　販売費および一般管理費予算

	勘定科目	2019年4月	2019年5月	2019年6月	2019年7月	2019年8月	2019年9月
内訳	役員報酬	1,200,000	1,200,000	1,200,000	1,200,000	1,200,000	1,200,000
	給料	2,000,000	2,000,000	2,000,000	2,000,000	2,000,000	2,000,000
	賞与			3,500,000			
	法定福利費	200,000	200,000	200,000	200,000	200,000	200,000
	福利厚生費	50,000	50,000	50,000	50,000	50,000	50,000
	荷造運賃発送費	150,000	150,000	150,000	150,000	150,000	150,000
	広告宣伝費	30,000	30,000	30,000	30,000	30,000	30,000
	交際費	100,000	100,000	100,000	100,000	100,000	100,000
	会議費	50,000	50,000	50,000	50,000	50,000	50,000
	旅費交通費	200,000	200,000	200,000	200,000	200,000	200,000
	通信費	25,000	25,000	25,000	25,000	25,000	25,000
	消耗品費	50,000	50,000	50,000	50,000	50,000	50,000
	事務用消耗品費	30,000	30,000	30,000	30,000	30,000	30,000
	修繕費	250,000	250,000	250,000	250,000	250,000	250,000
	水道光熱費	500,000	500,000	500,000	500,000	500,000	500,000
	新聞図書費	10,000	10,000	10,000	10,000	10,000	10,000
	支払手数料	30,000	30,000	30,000	30,000	30,000	30,000
	支払保険料	25,000	25,000	25,000	25,000	25,000	25,000
	減価償却費	50,000	50,000	50,000	50,000	50,000	50,000
	地代家賃（社宅）	60,000	60,000	60,000	60,000	60,000	60,000
	雑費	350,000	350,000	350,000	350,000	350,000	350,000
	租税公課	50,000	50,000	50,000	50,000	50,000	50,000
	販売費および一般管理費予算合計	5,410,000	5,410,000	8,910,000	5,410,000	5,410,000	5,410,000

出所：筆者作成。

図表13－4　利益計画

項　目	2019年4月	2019年5月	2019年6月	2019年7月	2019年8月	2019年9月
売上高予算	16,125,000	16,125,000	16,125,000	13,650,000	9,400,000	16,125,000
売上原価予算	4,837,500	4,837,500	4,837,500	4,095,000	2,820,000	4,837,500
売上総利益	11,287,500	11,287,500	11,287,500	9,555,000	6,580,000	11,287,500
販売費および一般管理費予算	5,410,000	5,410,000	8,910,000	5,410,000	5,410,000	5,410,000
営業利益	5,877,500	5,877,500	2,377,500	4,145,000	1,170,000	5,877,500
営業外損益予算	−250,000	−250,000	−250,000	−250,000	−250,000	−250,000
経常利益	5,627,500	5,627,500	2,127,500	3,895,000	920,000	5,627,500

出所：筆者作成。

（神宮食品株式会社の例）

単位：売上数量以外すべて円

2019年10月	2019年11月	2019年12月	2020年1月	2020年2月	2020年3月	通期売上高予算
500	500	500	500	500	500	63,000,000
12,000	12,000	6,000	6,000	12,000	12,000	
6,000,000	6,000,000	3,000,000	3,000,000	6,000,000	6,000,000	
800	800	800	800	800	800	72,000,000
8,000	8,000	6,000	6,000	8,000	8,000	
6,400,000	6,400,000	4,800,000	4,800,000	6,400,000	6,400,000	
12,400,000	12,400,000	7,800,000	7,800,000	12,400,000	12,400,000	135,000,000
2019年10月	2019年11月	2019年12月	2020年1月	2020年2月	2020年3月	通期売上高予算
350	350	350	400	400	400	36,250,000
10,000	10,000	7,500	7,500	10,000	7,500	
3,500,000	3,500,000	2,625,000	3,000,000	4,000,000	3,000,000	
450	450	450	450	450	450	2,025,000
500	500	0	500	500	0	
225,000	225,000	0	225,000	225,000	0	
3,725,000	3,725,000	2,625,000	3,225,000	4,225,000	3,000,000	38,275,000
16,125,000	16,125,000	10,425,000	11,025,000	16,625,000	15,400,000	173,275,000

（神宮食品株式会社の例）

単位：円

2019年10月	2019年11月	2019年12月	2020年1月	2020年2月	2020年3月	通期合計
1,200,000	1,200,000	1,200,000	1,200,000	1,200,000	1,200,000	14,400,000
2,000,000	2,000,000	2,000,000	2,000,000	2,000,000	2,000,000	24,000,000
		3,500,000				7,000,000
200,000	200,000	200,000	200,000	200,000	200,000	2,400,000
50,000	50,000	50,000	50,000	50,000	50,000	600,000
150,000	150,000	150,000	150,000	150,000	150,000	1,800,000
30,000	30,000	30,000	30,000	30,000	30,000	360,000
100,000	100,000	100,000	100,000	100,000	100,000	1,200,000
50,000	50,000	50,000	50,000	50,000	50,000	600,000
200,000	200,000	200,000	200,000	200,000	200,000	2,400,000
25,000	25,000	25,000	25,000	25,000	25,000	300,000
50,000	50,000	50,000	50,000	50,000	50,000	600,000
30,000	30,000	30,000	30,000	30,000	30,000	360,000
250,000	250,000	250,000	250,000	250,000	250,000	3,000,000
500,000	500,000	500,000	500,000	500,000	500,000	6,000,000
10,000	10,000	10,000	10,000	10,000	10,000	120,000
30,000	30,000	30,000	30,000	30,000	30,000	360,000
25,000	25,000	25,000	25,000	25,000	25,000	300,000
50,000	50,000	50,000	50,000	50,000	50,000	600,000
60,000	60,000	60,000	60,000	60,000	60,000	720,000
350,000	350,000	350,000	350,000	350,000	350,000	4,200,000
50,000	50,000	50,000	50,000	50,000	50,000	600,000
5,410,000	5,410,000	8,910,000	5,410,000	5,410,000	5,410,000	71,920,000

（神宮食品株式会社の例）

単位：円

2019年10月	2019年11月	2019年12月	2020年1月	2020年2月	2020年3月	通期合計
16,125,000	16,125,000	10,425,000	11,025,000	16,625,000	15,400,000	173,275,000
4,837,500	4,837,500	3,127,500	3,307,500	4,987,500	4,620,000	51,982,500
11,287,500	11,287,500	7,297,500	7,717,500	11,637,500	10,780,000	121,292,500
5,410,000	5,410,000	8,910,000	5,410,000	5,410,000	5,410,000	71,920,000
5,877,500	5,877,500	−1,612,500	2,307,500	6,227,500	5,370,000	49,372,500
−250,000	−250,000	−250,000	−250,000	−250,000	−250,000	−3,000,000
5,627,500	5,627,500	−1,862,500	2,057,500	5,977,500	5,120,000	46,372,500

練習問題10 次の（　）内に適切な語句を記入しなさい。

①　予算には売上高の予測としての（　　　　　　　），売上原価を見積もる（　　　　　　　），人件費や旅費交通費などを管理するための（　　　　　　　　　　　），借入金の利息などを見積もる（　　　　　　　）などがあり，これらすべての予算を統制し通期の（　　　　　）をあらわす通期予算がある。

②　特に売上高予算と売上原価予算は，企業活動のキャッシュの源泉となる（　　　　　　）に大きな影響を与えるため，予算は十分慎重に作成されなくてはならない。

Lesson 14
予算実績差異分析　業績評価会計の実践

> **本 Lesson でわかるポイント**
> ◎なぜ予算実績差異分析が必要なのか？
> ◎予算実績差異分析に使用する一般的な項目と手法
> ◎予算実績差異分析の実例

　会計期間の1年間が終了し「今期は予算達成！　おめでとう！」もしくは「今期は予算未達成！　君たちは何をやっていたのか！」という一喜一憂だけでは予算・利益計画，つまり経営計画の価値はゼロに等しい。会計期間終了後にきちんと「PDCA サイクル」(Plan-Do-Check-Action) を行い，経営課題をみいだし次回の経営計画を「修正」する視点が必要となる。特に予算・利益計画の事後分析では，予算・利益計画と予算・利益計画実績の差異分析（「予実差異」といわれる）がもっとも重要となる。

　予算・利益計画と実績の差異は，「なぜ予算・利益計画は未達成であったのか？」「なぜ予算・利益計画は達成されたのか？」を分析，検証する必要がある。予算・利益計画の作成が Plan，予算の実施は Do，予算と実績の差異分析は Check，予算実績差異分析から課題をみいだし次の予算を修正していくことが Action となる。すべての事象には必ず原因と結果があることを忘れてはならない。特に差異分析の際には「Why？　Why？　Why？×5回」，いわゆる TOYOTA WAY のような観点が欠かせない。その中で明らかになった経営課題を，つぎの中期経営計画と利益計画に活かしていくことが何よりも重要となる。予算はお題目ではないのである。

　具体的な手法として，ミクロの視点からは，売上予算・売上原価予算・販売費及び一般管理費予算・利益計画の科目ごとの差異分析を行う。分析手法に決まった方程式は存在しないが，実務上では顧客・製品や人件費などの勘定科目ごとに予算と利益計画の実績差異を，一定の比率を決めて ABC 分析（たとえば70％までを A，70〜90％を B，90％〜100％を C とする）などで検証する手法がある。一方で，マクロ的視点からは，第1部で学んだ経営分析の指標をもちいて，経営状況の実態を分析していくことが不可欠である。これらのミクロ・マクロの分析結果から顧客・市場・製品の業況を把握し，「人・物・金・情報」という経営資源が適正に「QCD」（品質 Quality・費用 Cost・納入 Delivery）に反映されているかを検証，その上で経営計画の修正を行うことが大切である。これらの事例を以下図表に

図表14-1　予算実績差異分析

■『中期経営計画 目標・実績／差異分析報告書』

会社名　神宮食品株式会社

項目	分類	製品内容	3ヶ年＜通期 目標＞ 「売上2億円・経常利益6千万円達成！」 目標額（計）	1年度（第1期） 目標額（計）	達成状況 実績額（計）	差異額	達成率	評価
売上高	製品系列A	弁当A	208,530,000	63,000,000	55,000,000	▲8,000,000	87.30%	×
	製品系列B	弁当B	238,320,000	72,000,000	64,000,000	▲8,000,000	88.89%	×
	製品系列C	給食A	119,987,500	36,250,000	28,000,000	▲8,250,000	77.24%	×
	製品系列D	給食B	6,702,750	2,025,000	2,250,000	225,000	111.11%	○
	製品系列E	新商品A	3,800,000	0	0	0	0.00%	
	製品系列F	新商品B	2,000,000	0	0	0	0.00%	
	計		579,340,250	173,275,000	149,250,000	▲24,025,000	86.13%	×
売上原価			173,802,075	51,982,500	67,162,500	15,180,000	129.20%	×
売上原価率			30.00%	30.00%	45.00%	15.00%	150.00%	
販売管理費			238,055,200	71,920,000	85,750,000	13,830,000	119.23%	×
販売管理費率			41.09%	41.51%	57.45%	15.95%	138.42%	
営業利益			167,482,975	49,372,500	▲3,662,500	▲53,035,000	-7.42%	×
営業利益率			28.91%	28.49%	-2.45%	-30.95%	-8.61%	
経常利益			158,482,975	46,372,500	▲6,662,500	▲53,035,000	-14.37%	×
経常利益率			27.36%	26.76%	-4.46%	-31.23%	-16.68%	

●差異発生の事実と原因の明確化とその対策

【初期計画目標と，改訂目標との差異分析】

初期計画との差異 %	増減の原因 何が，どの程度―。	具体的な対策 見通しは―。
1．売上高 ↓　　86.1%	・工場完成の遅延で事業開始が2ヶ月遅れた	・既に事業開始済み
2．売上原価 ↑　　129.20%	・天候不順により野菜類が高騰した	・輸入品の使用と仕入先の分散対応済み
3．販管費 ↑　　119.23%	・工場備品で予算外の出費が増加した	・既に工場完成済み ・予測の厳格化
4．営業利益 ↓　　▲2.45%	・売上高予算／売上原価予算／販管費予算すべてが未達成	・第2期の各予算をすべて見直し決定
5．経常利益 ↓　　▲4.46%	・上記4と同上	・上記4と同上

（神宮食品株式会社・2期目予算修正の例）

単位：円

2年度（第2期）					3年度（第3期）					3年ケ年度（第3期）		
初期目標	改訂目標	何を,どの程度,改訂したか。			前期目標	改訂目標	何を,どの程度,改訂したか。			実績額(計)	差異額	達成率
目標額(計)	目標額(計)	差異額	増減率	評価	目標額(計)	目標額(計)	差異額	増減率	評価			
69,300,000	69,300,000	0	100.00%		76,230,000							
79,200,000	85,000,000	5,800,000	107.32%		87,120,000							
39,875,000	35,000,000	▲4,875,000	87.77%		43,862,500							
2,227,500	5,000,000	2,772,500	224.47%		2,450,250							
800,000	1,000,000	200,000	0.00%		3,000,000							
0	0	0	0.00%		2,000,000							
191,402,500	195,300,000	3,897,500	102.04%		214,662,750							
57,420,750	55,000,000	▲2,420,750	95.78%		64,398,825							
30.00%	28.16%	0	93.87%		0							
79,112,000	75,000,000	▲4,112,000	94.80%		87,023,200							
41.33%	38.40%	0	92.91%		0							
54,869,750	65,300,000	10,430,250	119.01%		63,240,725							
28.67%	33.44%	0	116.63%		0							
51,869,750	62,300,000	10,430,250	120.11%		60,240,725							
27.10%	31.90%	0	117.71%		0							

【初期計画目標と,改訂目標との差異分析】

初期計画との差異 %	増減の原因 何が,どの程度―。	具体的な対策 見通しは―。
1．売上高 ＋3,987,500円 102.04%	・弁当B→11,600食増加 ・給食A→1,400食減少	・港病院向け弁当Bの新規受注が決定済
2．売上原価 ▲2,420,750円 95.78%	・牛肉のコストダウン20%	・国産から輸入品に変更済み
3．販管費 ▲4,112,000円 94.80%	・4,000,000円の費用削減に成功	・役員賞与4,000,000円を中止決定済み
4．営業利益 ＋10,430,250円 119.01%	・各予算の達成による利益計画の達成	・各予算の進捗管理のために月次会議の精度向上とシステム導入
5．経常利益 ＋10,430,250円 120.11%	・上記4と同上	・上記4と同上

【初期計画目標と,改訂目標との差異分析】

初期計画との差異 %	増減の原因 何が,どの程度―。	具体的な対策 見通しは―。
1．売上高		
2．売上原価		
3．販管費		
4．営業利益		
5．経常利益		

記してみよう。

　なお，図表14－1の事例は予算実績差異分析を合計したものであり，各予算の実績差異分析は，それぞれ詳細のシートで分析される（本書ではその詳細シートは示していない）。図表14－1をみると，神宮食品株式会社は中期経営計画および1年目の予算を大幅に下回り，残念ながら赤字となってしまったことがわかる。そのため，2年目の予算を修正し，それに伴い中期経営計画の合計も変更となっている。このように予算を修正しながら中期経営計画を展開させていくことを，「ローリング方式」という。

練習問題11　　次の（　　）内に適切な語句を記入しなさい。

① 業績評価会計では，（　　）と（　　）の（　　）を，PDCAサイクルをもちいて分析，検証することが必要となる。

② ミクロの視点からは（　　　　　　）・（　　　　　　　）・（　　　　　　　　　　　　）・（　　　　　　　　）・（　　　　　　）を，項目ごとに差異分析を行う。

③ マクロ的視点からは，本書第1部で学んだ経営分析の指標をもちいて，経営成績や経営状態を分析検証し，予算・利益計画の（　　）を行い，次の（　　　　　）の作成につなげることが不可欠である。

Lesson 15
CVP分析　損益分岐点を知る

> **本Lessonでわかるポイント**
> ◎ CVP分析とは何か？
> ◎ CVP分析をもちいた損益分岐点の計算方法

　中期経営計画の策定から予算と利益計画の作成。これら一連の数値に明確な根拠と蓋然性を与え，損益のイメージをグラフで可視化する手法にCost Value Profit Analysis（以下CVP分析という）がある。「CVP分析」は，費用（固定費・変動費）と売上高もしくは売上数量から，収益が出るか否かの分岐点すなわち「損益分岐点」がわかる手法である。

　CVP分析は図表15－1のように表すことができる。図表15－1にあるCVP分析をみると，縦軸の給与・家賃など固定的に支出する費用である固定費は，横軸の売上高・売上数量がいくら変化しても変わることはない。これは，売上高・売上数量が増減しても，給料や家賃に変更がないことを前提としている。つぎに物流費などの変動費は，売上高・売上数量の増減と共に変化することがわかる。たとえば売上がゼロの場合，商品の発送が必要

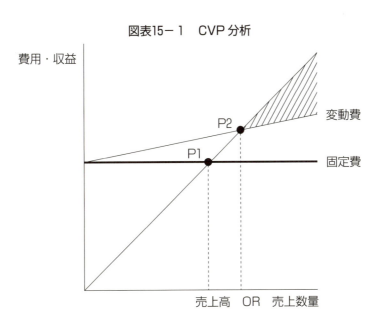

図表15－1　CVP分析

出所：筆者作成。

ないため物流費はゼロとなる。一方，売上が発生すれば，売上高に比例して商品発送は増加し，物流費も上がる。これが変動費の本質である。

　図表15-1では，横軸の売上高から固定費を賄うことができる分岐点をP1，さらに変動費も賄える損益分岐点はP2としている。P2の損益分岐点，この点が損益分岐点（Break Even Point ＝ BEP）である。したがって横軸の売上高・売上数量が損益分岐点のP2よりも右の部分にあれば，この部分からはすべて収益となることがわかる。これがCVP分析の基本的な見方である。

　中期経営計画の策定および予算と利益計画の作成を行う際は，数値をCVPから算出することが望ましい。それぞれの数値をグラフ化することで，目標とする利益は可視化される。たとえば図表15-1の場合，損益分岐点であるP2よりも，右の部分すなわち収益が最大化するよう計画しなくてはならない。したがってCVP分析から，「計画実現のために売上高・売上数量をいくらにしなければならないのか？」，「売上達成が困難であれば，固定費・変動費をどのくらい削減しなくてはならないのか？」という2つの経営課題がみえてくる。

　売上高を上げるためには，営業部門や開発部門が現状の市場・顧客・商品の現状を正確に把握することが欠かせない。既存商品の既存市場および新規市場の販売状況は？　新規商品の既存市場および新規市場での販売状況は？　これら経営の基本的課題が，CVP分析により改めて明らかになる。

　一方，費用のあり方もみえてくる。現状の売上高に適した費用にするためには，どのように改善したら良いのか？　たとえば製造部門における5S（整理・整頓・清掃・清潔・躾），QC（Quality Control）活動およびTQM（Total Quality Management）の導入。これらの活動は製造活動のムリ・ムダ・ムラを排除し費用低減に貢献し，さらに品質向上による歩留向上は製造原価を改善させる。また管理部門では購入する材料のジャスト・イン・タイム（JIT）やサプライ・チェーン・マネジメント，VE（Value Engineering）などの導入で在庫削減や費用低減が可能となり，キャッシュフローの向上も可能となる。このようにCVP分析は，会社が出せる利益の現状と，目標とする収益のための売上高と費用のあり方，そのためのさまざまな施策を示唆してくれるのである。

　CVP分析から，損益分岐点売上高，損益分析点売上数量，目標利益売上高を求めることができる。

$$\cdot\text{損益分岐点売上高}＝\frac{\text{固定費}}{1－\text{変動費}／\text{売上高}}$$

$$\cdot\text{損益分岐点売上数量}＝\frac{\text{固定費}}{\text{単位あたり限界利益}}$$

$$・目標利益売上高 = \frac{固定費 + 目標利益}{1 - 変動費/予測売上高}$$

　CVP分析を学習する上では，「限界利益」という用語を理解する必要がある。限界利益は以下のとおり求めることができる。

　　・限界利益＝売上高－変動費

　売上高から変動費を引くと限界利益が算出される。売上高から材料費・労務費・経費など変動費を引いたものを，会計学では限界利益という。たとえば販売価格が1個1,000円の弁当があり，弁当1個あたりの変動費（材料費＋労務費＋経費など）が300円の商品である場合，この弁当の限界利益は1,000円－300円＝700円となる。限界利益の概念は一見，理解しづらいものであるが，シンプルに考えることが肝要である。

　なお神宮食品株式会社の1年目は赤字になってしまったが，黒字化するためにはいくらの売上高が必要であったのであろうか？　図表14－1から売上高149,250,000円，変動費（売上原価を変動費とみなす）が67,162,500円，固定費（販売費および一般管理費を固定費とみなす）が85,750,000円である。

$$・損益分岐点売上高 = \frac{85,750,000}{1 - 67,162,500/149,250,000}$$

　この計算式から，神宮食品株式会社の1年目は，155,909,091円の売上高があれば，営業利益が赤字にならなかったことがわかる。

練習問題12

① 神宮食品株式会社は，弁当1個あたりの販売価格500円，弁当1個あたりの変動費150円，固定費が500,000円かかる新商品Aを開発した。
　（1）この新商品Aの「損益分岐点売上高」を求めよ。
　（2）この新商品Aの「損益分岐点売上数量」を求めよ。
② 神宮食品株式会社は，売上高予算215,000,000円，費用は変動費65,000,000円，固定費87,000,000円の予算を作成したが，目標利益は60,000,000円を目指している。この場合に必要な「目標利益売上高」を求めよ。

Lesson 16
知っておきたい管理会計モデル

BSC（バランス・スコアカード）

> **本 Lesson でわかるポイント**
> ◎ BSC とは何か？

　管理会計の有名なモデルに,「バランス・スコアカード」(以下 BSC という) というものがある。BSC は1992年に, キャプランとノートンによって論文発表されたモデルである。BSC は財務データ分析のみではなく, 非財務データ分析ももちいて, ①社員の学習と成長の視点　②内部業務プロセスの視点　③顧客の視点　④財務の視点, これら 4 つの視点から構成されている。これら 4 つの視点から戦略目標・目標値・実行項目がカードで作成され, マップに経営戦略の展開が可視化される。「戦略マップ」に掲げられた 4 つの視点を達成することができれば, 企業価値の向上につながるのである。

　わかりやすい事例で示すと, ①企業が社員に学習の機会を与え, それぞれの社員の能力を高めることで　②社員による内部業務プロセスの合理化・効率化・改善が行われ, 会社業務の品質が向上し　③高い業務品質により顧客満足度の向上が図られ, 会社は新たな顧客を獲得することができる　④その結果として目標とする財務的視点からの利益計画が実現し, 企業価値が向上する。この一連の流れを表現するものが, 図表16－1 のような戦略マップである。

　このように BSC は, 社内・顧客・利益の視点が管理会計の重要なファクターとして掲げられていることが特徴的である。ピーター・ドラッカーは, 顧客の創造こそが企業の主たる目的の 1 つであると説いた。その目的は, 管理会計をもちいることで可視化され, 実現可能となりうる。管理会計はそれぞれの企業のあるべき姿, すなわち企業の目的に至る道を戦略として可視化し, 社内外で共有できる人類の英知といえよう。

図表16-1　BSC戦略マップ（神宮食品株式会社の例）

財務業績の視点	財務会計［貸借対照表・損益計算書・キャッシュフロー計算書］		
	管理会計［中期経営計画 → 予算・利益計画 → 予算実績差異分析］		
顧客の視点	使用食材の安全・安心情報の開示	納期厳守	新商品の開発
内部業務プロセスの視点	５Ｓの履行	品質・衛生管理の徹底（TQM）	業務改善の遂行
学習と成長の視点	人事考課の目標管理	社員学習助成金制度の励行	福利厚生制度の充実

出所：株式会社エスシーツー

練習問題13　次の（　　）内に適切な語句を記入しなさい。

① BSCは企業価値向上のための管理会計モデルであり，（　　　　　　　　　　　），
（　　　　　　　　　），（　　　　　），（　　　　　）の４つの視点から（　　　　）
が作成される。

② あなたが神宮食品株式会社の社長である。これまでの管理会計の学習をとおして，神宮食品
株式会社を今後どのように経営していくべきか？　その考えを述べなさい。

Lesson 16　知っておきたい管理会計モデル　│69

第3部

経営に関わる税金

Lesson 17
法人の種類と税金

> **本 Lesson でわかるポイント**
> ◎法人税法上の法人の種類について
> ◎法人の種類に応じた課税範囲や税率について

❶ 法人の種類

　法人税法上の法人の種類は，大きく分けてまず，内国法人と外国法人に区分されます。内国法人とは，国内に本店または主たる事務所を有する法人をいいます。外国法人とは，内国法人以外の法人をいいます。

　内国法人は，普通法人，公共法人，公益法人等，協同組合等，人格なき社団などに細分されます。

図表17－1　内国法人の種類

種類	該当例
普通法人	株式会社，合名会社，合資会社，合同会社，医療法人など
公共法人	地方公共団体，国立大学法人，㈱日本政策金融公庫など
公益法人等	宗教法人，学校法人，社会福祉法人，公益社団法人，公益財団法人など
協同組合等	農業協同組合，漁業協同組合，信用金庫など
人格のない社団など	PTA，同窓会，同業者団体など

出所：法人税法第2条に基づき筆者作成。

❷ 課税範囲と税率

　前記1のように，法人にはさまざまな種類があり，それぞれの法人の性質に応じ，課税範囲を限定し，かつ法人税の税率を設定しています。

図表17－2　内国法人の種類

種類		課税範囲	法人の規模	所得金額	税率
普通法人		すべての所得	中小法人等	年800万円以下の部分	15%
				年800万円超の部分	23.2%
			中小法人等以外の法人	所得に関係なく	23.2%
公共法人		納税義務なし			
公益法人等	一般社団法人等	収益事業に係る所得	－	年800万円以下の部分	15%
				年800万円超の部分	23.2%
	上記以外			年800万円以下の部分	15%
				年800万円超の部分	19%
協同組合		すべての所得	－	年800万円以下の部分	15%
				年800万円超の部分	19%
人格のない社団等		収益事業に係る所得	－	年800万円以下の部分	15%
				年800万円超の部分	23.2%

（※）・上表の税率は，2019年3月31日までの間に開始する事業年度について適用されます。
・上表の「中小法人等」とは，普通法人のうち各事業年度終了の時において資本金の額もしくは出資金の額が1億円以下であるものまたは資本もしくは出資を有しないものをいいます。ただし，資本金の額または出資金の額が5億円以上である大法人に完全支配されている法人など一定の法人は除きます。
・一般社団法人等とは，法別表第二に掲げる非営利型法人である一般社団法人および一般財団法人ならびに公益社団法人および公益財団法人をいいます。
出所：法人税法第66条，同法第81条の12および同法第143条に基づき筆者作成。

練習問題14　次の（　　　　）内に適切な語句を記入しなさい。

① PTA，同窓会などは，法人税法上の法人の種類のうち，（　　　　　　　　）に分類される。
② 普通法人のうち，中小法人については，法人税率が（　　　　　　　　　）以下の部分と（　　　　　）超の部分で税率が異なる。
③ 法人税法上の公共法人には（　　　　　　）はない。

Lesson 18
法人税の仕組み

本 Lesson でわかるポイント
◎法人税の計算の流れ
◎欠損金の繰越控除について
◎欠損金の繰戻還付について

① 法人税計算の基本的仕組み

　法人税は，会計上の利益（当期純利益）を基に税務上の調整を行って算出した課税所得に対し，税率を乗じて計算します。

　基本的な仕組みは，次の通りです。

① 　損益計算書上の当期純利益を基に申告調整を行い，法人税法上の課税所得を求めます。
② 　上記①で求めた課税所得に税率を乗じて，税額を求めます。
③ 　上記②で求めた税額について特別税額を加算または税額控除をします。
④ 　上記①～③の計算を経て納付する法人税額（年税額）が決まります。

② 所得計算

（1）申告調整

　会計上の当期純利益に一定の調整を行い，税務上の課税所得を計算します。

　この調整を「申告調整」といいます。会計上の「税引前当期純利益」が一定期間の適正な損益計算の結果であるのに対して，法人税法上の「課税所得」は，課税の公平の見地から算出されるものであるため，会計上の「当期純利益」と法人税法上の「課税所得」とは必ずしも一致しません。

　したがって，会計上の「当期純利益」を基に，法人税法上の「課税所得」を算出するまでの申告調整が必要となるのです。

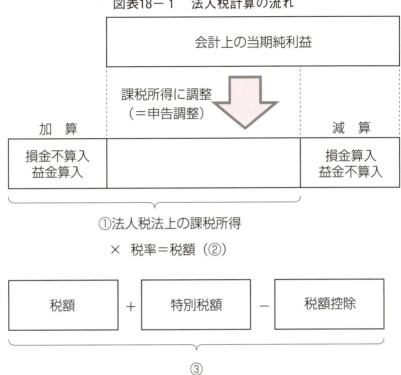

図表18-1　法人税計算の流れ

出所：筆者作成。

図表18-2　税務調整の具体例

申告調整項目	具体例
益金算入項目	・売上計上もれ ・貸倒引当金取崩不足　など
損金不算入項目	・役員給与の損金不算入 ・交際費等の損金算入限度超過額 ・減価償却超過額 ・法人税等・延滞税　など
損金算入項目	・繰越欠損金の損金算入 ・収用等の特別控除　など
益金不算入項目	・受取配当等の益金不算入 ・法人税等の還付金 ・源泉所得税の還付金　など

Lesson 18　法人税の仕組み　｜ 75

(2) 欠損金
① 欠損金の繰越控除

法人税法では，次に掲げる条件を満たした場合，その事業年度開始の日前10年以内に開始した事業年度において生じた赤字（これを「欠損金」といいます）について，その事業年度の所得と通算できます。

1) 欠損金の生じた事業年度において，青色申告者である確定申告書を提出していること
2) 欠損金の生じた事業年度後の各事業年度において，確定申告書を提出していること

欠損金の繰越控除は古いものから順次控除し，控除しきれなかったものは翌期に繰り越され，10年以内に控除しきれなかった部分については，切り捨てられることになります。

なお，資本金1億円超の一定の大規模法人については，欠損金と通算できる所得については，その事業年度の所得×50％までに制限されています。

② 欠損金の繰戻還付

青色申告書を提出している法人は，当期に欠損金が生じた場合，当期開始の日前1年以内に開始した事業年度（通常，前期）の所得金額と通算して，前期に納付した法人税の一部について還付を受けることができます。これを「欠損金の繰戻還付」といいます。当期の欠損金の内，繰越控除を適用するのか，繰戻還付を適用するのかの選択は法人の任意です。

この欠損金の繰戻還付は，資本金の額または出資金の額が1億円以下の青色申告法人等のみに適用されます。

【例題1】

ある会社は，×1期の期首時点で前期に発生した欠損金2,000を有していた。
毎期100の所得があるとすると，×10期末の繰越欠損金はいくらか？

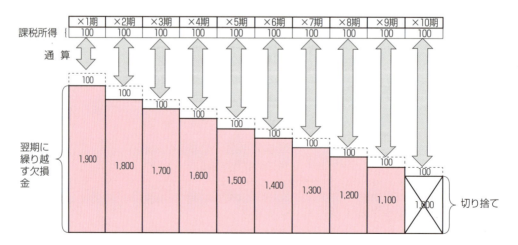

【例題2】

　たとえば，ある会社が×1期に100の課税所得が発生し，30の法人税を納めていたとする。×2期には赤字となり課税所得は▲70であった。この場合に欠損金の繰戻還付を行うと，×2期の法人税の納税額はいくらになるか？

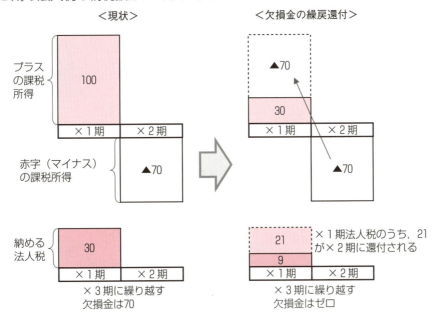

【青色申告とは？】

　青色申告とは，法人が複式簿記の手法に基づいて適正に帳簿を記録し，その記帳から正しい課税所得と法人税を計算して申告することを要件に，さまざまな特典を得ることができる制度です。

　この青色申告者となるためには，一定の期限までに所轄税務署に「青色申告の承認申請書」を提出しなければなりません。

　法人の青色申告者の主な特典は以下の通りです。

1）青色欠損金の繰越控除
2）青色欠損金の繰戻還付
3）特別償却・特別控除
　法人が一定の設備投資や人材投資を行った場合に，減価償却費を通常より多く計上できる特別償却や，法人税を一定額控除する特別控除が認められています。
4）少額減価償却資産の取得価額の損金算入の特例
　資本金1億円以下の中小企業が30万円未満の減価償却資産を取得した場合，全額を費用とすることができます（年間300万円を限度とする）。

③ 税額計算

　法人税額は，課税所得に法人税率を乗じて計算した金額に一定の金額を加算または控除し，さらに中間納付額を差し引いて算出します。

　法人税額は，課税所得に税率を乗じて算出されますが，通常の法人税の他に追加課税が行われることがあります。また，政策上の観点などから，一定の金額を法人税額から控除できる制度が設けられています。

納付する法人税＝課税所得金額×法人税率＋特別税額－税額控除－中間納付額

図表18－3　税務調整の具体例

項目	具体例
特別税額	・特定同族会社の留保金課税 ・使途秘匿金課税　など
税額控除	・所得税額控除 ・外国税額控除 ・試験研究費の特別控除　など

練習問題15　　次の（　　）内に適切な語句を記入しなさい。

① 会計上の当期純利益に一定の調整を行い，税務上の課税所得を計算する。この調整を（　　　　）という。

② 法人税法上，一定の青色申告法人については，その事業年度開始の日前10年以内に開始した事業年度において生じた赤字である（　　　）を，その事業年度の所得と（　　）できる。

③ 青色申告法人は，当期に欠損金が生じた場合，前期の所得金額と通算して，法人税の還付を受けることができる。これを（　　　　　　　）という。

Lesson 19
法人税の申告・納付

> **本 Lesson でわかるポイント**
> ◎法人税の確定申告および納付について
> ◎法人税の中間申告および納付について
> ◎法人税の修正申告および更正の請求について

① 確定申告・納付

　法人は，原則として事業年度終了の日の翌日から2ヶ月以内に，法人税確定申告書を税務署に提出しなければなりません。

　法人は，確定した決算に基づいて確定申告書を作成し，申告期限までに税務署に提出し，納付を行わなければなりません。

　確定申告書の提出期限は，原則として事業年度終了の日の翌日から2ヶ月以内ですが，会計監査人の監査を受ける等の理由により，2ヶ月以内に決算が確定しないなどやむを得ない事情がある場合には，納税地の所轄税務署長に申請することにより提出期限を延長することも認められています。

　また，確定申告書を提出する際には，下記の書類を添付しなければなりません。

図表19－1　確定申告書の添付書類

・貸借対照表

・損益計算書

・株主資本等変動計算書

・勘定科目内訳明細書

・事業概況書

　なお，法人税の納付が納付期限（＝確定申告書の提出期限）から遅れた場合には，その遅れた期間に応じて延滞税（提出期限の延長が認められている場合は，その期限までは利子税）を支払うことになります。

❷ 中間申告・納付

中間申告には，前年度実績による申告と仮決算による申告の２つの方法があります。

事業年度が６ヶ月を超える法人は，事業年度開始の日以後６ヶ月を経過した日から２ヶ月以内に税務署長に対し，中間申告および納付を行わなければなりません。

図表19－2　中間申告の方法

中間申告の方法	中間申告額の計算
前年度実績による申告・納付	中間申告額＝前期の法人税額×６ヶ月÷前事業年度の月数 ただし，この算式で計算した税額が10万円以下の場合は中間申告をする必要なし。
仮決算による申告・納付	上記「前年度実績による申告・納付」に代えて，期首から６ヶ月の期間を１事業年度とみなして仮決算を行い中間申告することができる。

❸ 修正申告と更正の請求

（1）修正申告

確定申告を行った後において，税務申告書に記載した税額が過少であったり，欠損金額が過大であったり，還付金が多すぎた場合には，税金の不足額などを申告しなければなりません。これを修正申告といいます。

修正申告を行う場合には，不足していた本税に加え，納付が遅れたことに対する延滞税が課されます。また，税務署の指導により修正申告を行った場合には，さらに過少申告加算税（増加した税額の10％[※]）が課されます。なお，過少申告加算税が課される場合において，隠ぺいや仮装があるときは，過少申告加算税に代えて重加算税（増加した税額の35％）が課されます。

（※）期限内申告税額と50万円のいずれか多い金額を超える部分の金額については15％になります。

（2）更正の請求

確定申告を行った後において，税務申告書に記載した税額が過大であったり，納税額が過大，または還付金が少なかった場合には，原則として確定申告書の申告期限から５年以内に限り，税務署長に対して正しい税額などに更正するよう請求することができます。こ

れを更正の請求といいます。

　更正の請求書が提出されると，税務署は，その内容を調査し，納め過ぎの税金があると認めた場合には税額を減額するなどの更正処分を行います。なお，還付金が還付される場合には，還付金額に一定率を乗じた還付加算金が付されて還付される場合があります。

練習問題16　次の（　　）内に適切な語句を記入しなさい。

① 法人は，原則として事業年度終了の日の翌日から（　　　　　）以内に法人税確定申告書を税務署に提出しなければならない。

② 中間申告は，事業年度開始の日以後（　　　　　）を経過した日から（　　　　　）以内に行わなければならない。

③ 修正申告とは，確定申告を行った後に税務申告書に記載した税額が（　　　　　）であったり，欠損金額が（　　　　　）であった場合に，税金の不足額を申告する手続きのことである。

④ 更正の請求とは，確定申告を行った後に税務申告書に記載した税額が（　　　　　）であったり，納税額が（　　　　　）であった場合に，税務署長に対して正しい税額などに更正するよう請求する手続きのことである。

Lesson 20
金銭債権の会計と税務

> **本 Lesson でわかるポイント**
> ◎金銭債権とは何か？
> ◎会計上の貸倒引当金について
> ◎税務上の貸倒れについて

① 金銭債権について

　たとえば，当社が得意先に商品を納入した際に，当社はその場では代金を受領せずに翌月末に代金を支払ってもらう約束をしている，とします。この場合，当社は，得意先に対して「代金支払請求権」という「金銭債権」を得たことになります。

　すなわち，相手先に役務・サービスなどを提供した対価として金銭を請求できる権利のことを「金銭債権」といいます。反対に，相手先には金銭を支払わなければならない「金銭債務」が生じることになります。

図表20－1　債権者と債務者

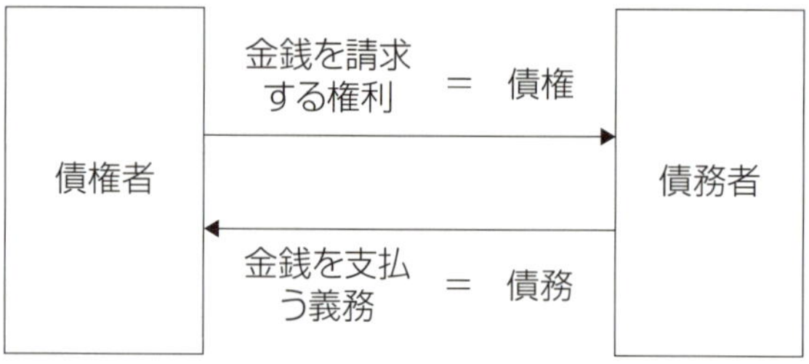

② 金銭債権の回収可能性について

（1）会計上の取扱い

　金銭債権は，請求した金銭の支払いを受けて消滅します。したがって，債権が生じてか

ら金銭に換わり消滅するまでの間は，債権を所有している状態が続きます。

　金銭債権を所有している状態で企業が決算期末を迎えた場合には，貸借対照表に受取手形，売掛金，貸付金などという勘定科目で記載されることになります。

　ここで，たとえば，決算期末直前に金銭債権を所有している相手先が倒産してしまったらどうでしょうか？　この場合，所有している金銭債権の全額は回収できない可能性が非常に高いといえるでしょう。

　そこで，会計上は，決算期末において，所有する金銭債権については，相手先からの債権の回収可能性を考慮して，回収不能と認められる金額（貸倒見積高といいます）を見積もり，それを貸借対照表の「貸倒引当金」として計上します。

　すなわち，金銭債権の貸借対照表価額は，取得価額から貸倒見積高に基づいて算定された貸倒引当金を控除した金額となります。

（2）税務上の取扱い

　課税の公平を図る観点から，税務上損金と認められる貸倒れについては，会計と比べて厳格なルールが設けられています。

　税務上の債権の貸倒れ（貸倒損失）として損金算入が認められる場合は，次の3つです。

①　法律上の貸倒れ

　法律上の貸倒れは，更生計画認可決定や所定の債権放棄により，強制的に債権の全部または一部が切り捨てられた場合に認められるものです。

図表20-2　法律上の貸倒れ

発生した事実等	貸倒損失の金額
更生計画認可の決定による切捨て	切り捨てられることとなった部分の金額
再生計画認可の決定による切捨て	
特別清算に係る協定の認可の決定による切捨て	
以下の関係者間協議決定による切捨て ・債権者集会の協議決定で合理的な基準により債務者の負債整理を定めたもの ・行政機関または金融機関その他の第三者のあっせんによる当事者間の協議によりされた契約で合理的な基準によるもの	
書面による債務免除（債務者の債務超過の状態が相当期間継続し，その弁済を受けられないと認められる場合に限られます）	債務免除の通知をした金額

Lesson 20　金銭債権の会計と税務　│83

上記のうち，実務上，最も多いのが「書面による債務免除」です。

ここでいう書面については，書面の交付の事実を明らかにするために，内容証明郵便等により債務者に交付するか，債務者から受領書を受け取ることが望ましいとされています。

加えて，債務者の債務超過の状態が，相当期間継続する必要があります。相当期間とは，債権者が債務者の経営状態をみて回収不能かどうかを判断するために必要な合理的な期間をいいますので，一律何年と決まっているわけではありませんが，実務上は3～5年程度と考えることが多いです。

② 事実上の貸倒れ

事実上の貸倒れは，債務者の資産状況や支払能力等から見て，債権の全額が回収不能である場合に認められるものであり，回収不能が明らかになった事業年度において損失処理することで損金として認められるものです。

具体的な要件としては，以下の2つです。

1) 債務者の資産状況や支払能力から見て，債権の全額を回収することができない（担保物もない）ことが明らかであること
2) その明らかになった事業年度において，その債権の全額を貸倒損失として損金経理すること

③ 形式上の貸倒れ

形式上の貸倒れは，受取手形，売掛金などの売掛債権について認められるもので，債務者との取引停止後1年以上経過した場合などに認められます。

具体的には，以下の2つの要件が必要です。

1) 債務者との取引停止後1年以上経過していること，または，同一地域の売掛債権の総額が取立費用に満たない場合において督促しても弁済がないこと
2) 貸借対照表に1円以上の備忘価額を残し，残額を貸倒損失として損金経理すること

（3）会計と税務の差異

会計上は，期間損益計算の適正化の観点から，金銭債権の回収可能性の検討が強制され，回収不能額を貸倒引当金として貸借対照表へ記載することが求められます。

それに対して，税務上は，課税の公平の観点から，見積もり額である貸倒引当金をすべて認めておらず，一定の要件を充足した場合において債権の貸倒れとして認めています。

練習問題17 次の（　）内に適切な語句を記入しなさい。

① （　　　　　）とは，相手先に役務・サービスなどを提供した対価として（　　）を請求できる権利のことである。

② 金銭債権の貸借対照表価額は，取得価額から（　　　　　　　　）に基づいて算定された（　　　　　）を控除した金額となる。

③ 税務上，認められる債権の貸倒れは，（　　　　　　　　），（　　　　　　　　），（　　　　　　　　）の３つのみである。

Lesson 21
棚卸資産の会計と税務

> **本 Lesson でわかるポイント**
> ◎棚卸資産とは？
> ◎棚卸資産の評価方法について
> ◎棚卸資産の評価損について

① 棚卸資産について

　企業が販売または加工を目的として保有する資産で，商品・製品・半製品・原材料・仕掛品などをいいます。通常，これらは決算期末に実地棚卸し（数量をカウントすること）をすることから「棚卸資産」といわれます。実務上は，在庫ともいいます。

・商品や製品…通常の営業過程において販売するために保有する財貨または用役
・半製品や仕掛品…販売を目的として現に製造中の財貨または用役
・原材料や貯蔵品…販売目的の財貨または用役を生産するために短期間に消費されるべき
　　　　　　　　　財貨

　棚卸資産の取得価額は，当期に販売された商品に対応する部分が当期の「売上原価」に計上され，未販売の商品に対応する部分が当期末の「棚卸資産」として翌期に繰り越されます。
　この「売上原価」と「棚卸資産」の金額を求めるためには，実地棚卸しにより期末在庫の「数量」を把握し，それに一定のルールに従って評価した「単価」を乗じることにより算出します。

【例題3】
　ある商品の期首在庫が10,000円（単価100円×100個）あり，当期に110,000円（単価110円×1,000個）仕入れました。期末商品在庫を実地棚卸ししたところ，期末商品在庫数量は200個でした。先入先出法の場合，当期の売上原価はいくらでしょうか？

86 |

棚卸資産の単価の評価方法は，以下のようなものがあります。どの方法を選択するかは各企業に任されており，事業所別，棚卸資産の区分別に評価方法を選択することができます。ただし，同じ評価方法を毎期継続して使用する必要があります。

（1）個別法

　個別法とは，期末棚卸資産の全部について，個々の取得価額で評価する方法です。

　この方法は，通常一度の取引で大量に取得され，かつ，規格に応じて価額が定められているものには選択できません。実務では，不動産販売業者の土地や貴金属業者の宝石類，あるいは個別原価計算を行っている製品，半製品および仕掛品などに適用されます。

（2）先入先出法

　先入先出法とは，期末棚卸資産は先に仕入れたものから順次に払い出されると想定して計算した取得価額で評価する方法です。

（3）後入先出法（廃止）

　後から仕入れたものから順次払い出されたと想定して，期末棚卸高を算出する方法です。そのため，最も古い在庫が期末棚卸高の評価額になります。①インフレ時には，貸借対照表の棚卸資産価額が最近の価額と乖離する，②期末在庫数量が期首在庫数量を下回る場合，保有損益が計上され期間損益に影響を与える，といった理由から会計上廃止されました。それを受けて，税務上も2009年4月1日以降開始事業年度から廃止されました。

（4）総平均法

　総平均法とは，期首に有していた棚卸資産の取得価額の総額と期中に取得した棚卸資産の取得価額の総額との合計額を，これらの棚卸資産の総数量で除して計算した価額を1単位あたりの取得価額とする方法（年総平均法）です。月を計算期間とした月別総平均法も認められます。

（5）移動平均法

　移動平均法とは，受入れの都度計算する平均法で，棚卸資産を取得する都度その時点で有する棚卸資産と新たに取得した棚卸資産との数量および取得価額に基づいて平均単価を算出し，以後同様の方法で計算を行い，期末時点での平均単価を算定する方法（年移動平均法）です。月を計算期間とした月別移動平均法も認められます。

（6）最終仕入原価法

　最終仕入原価法とは，期末に最も近い時点で取得したものの単価を1単位あたりの取得

価額とする方法です。

　期末に最も近い時点で取得した数量よりも期末在庫数量が上回る場合には，期末棚卸資産の一部だけが実際取得原価で評価され，他の部分は時価に近い価額で評価されることになるため，理論上は妥当な評価方法といえませんが，実務的簡便性のゆえに，税務上，中小企業などで幅広く採用されています。

（7）売価還元法

　売価還元法とは，種類等または差益率の同じ棚卸資産ごとに，期末における販売価額の総額に下記の原価率を乗じて計算した取得価額で評価する方法です。

$$原価率 = \frac{期首棚卸資産の取得価額 + 当期仕入棚卸資産の取得価額}{期末棚卸資産の販売価額 + 当期売上棚卸資産の販売価額}$$

　売価還元法は，一般に百貨店やスーパーマーケットなどで採用されています。その他に製造業を営む会社で，原価計算を行わないため半製品や仕掛品について製造工程に応じて製品売価×○％の計算で評価するやり方を採用する場合もあり，これも売価還元法として取り扱われます。

　仮に，本問において，棚卸資産の評価方法として「先入先出法」を採用していた場合には，以下の通りとなります。

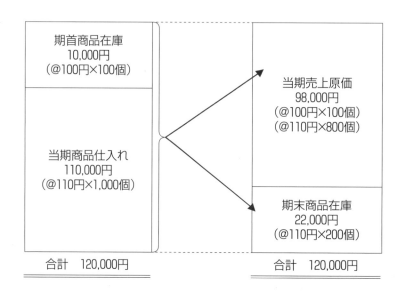

❷ 棚卸資産の評価損の取扱い

(1) 会計上の取扱い

会計上，棚卸資産は，取得価額をもって貸借対照表価額とし，決算期末における正味売却価額が取得価額よりも下落している場合には，正味売却価額をもって貸借対照表価額とします。この場合において，取得価額と正味売却価額との差額（棚卸資産の収益性の低下による簿価切下げ額といいます）は，通常，「売上原価または製造原価」として処理します。

ここで正味売却価額とは，売価から見積追加製造原価（販売するために追加製造が必要な場合）および見積販売直接経費（販売手数料，物流関連費など）を差し引いた価額です。

正味売却価額 ＝ 売価 －（見積追加製造原価＋見積販売直接経費）

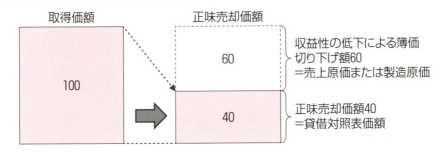

将来の販売見込みのない滞留在庫などについては，売却市場において市場価格が観察できないことがあります。この場合には，正味売却価額まで切り下げる方法に代えて，以下のような方法により収益性の低下の事実を適切に反映するように処理します。

1）帳簿価額を処分見込価額（ゼロまたは備忘価額を含む）まで切り下げる方法
2）一定の回転期間を超える場合，規則的に帳簿価額を切り下げる方法

(2) 税務上の取扱い

税務上，棚卸資産の評価基準は，原価法と低価法の2つに分かれています。

① 原価法

原価法は，6つの評価方法（個別法，先入先出法，移動平均法，総平均法，最終仕入原価法，売価還元法）のうちいずれかで取得価額を算出する方法です。

② 低価法

「低価法」は，原価法のうちのいずれか1つの方法で評価した価額と，期末における時

価のいずれか低い価額で評価する方法です。

　ここで，期末における時価とは，期末日における通常の売却可能価額から，追加製造原価と販売直接経費の見積り額を控除した「正味売却価額」によることとされています。つまり，会計上の「正味売却価額」と概ね同一であるため，この税務上の低価法は，会計上の評価基準と概ね同一ということになります。

③　評価方法の選択

　税務上，棚卸資産の評価基準については，原価法と低価法のいずれか選択となります。

　税務上の棚卸資産の法定評価方法は，「最終仕入原価法」とされていますので，それ以外の方法を選択する場合には，税務署に棚卸資産の評価方法の届け出が必要となります。この届け出がない場合，法定評価方法を採用したものとして取り扱われます。

④　原価法でも認められる棚卸資産の評価損

　税務上，原価法を選択していた場合においても，以下のような場合には損金経理を要件として税務上の棚卸資産の評価損が認められます。

　棚卸資産の評価損が認められるためには，その事実と評価損の金額算定のための客観的な根拠が必要となります。

図表21－1　税務上の棚卸資産の評価損

評価損の計上事実	具体例
災害による著しい損傷があったこと	・台風等による災害が元で損傷し，今後，通常の価額で販売することができなくなっている場合
著しく陳腐化したこと	・売れ残った季節品（極めて流行性が強いものをいいます）で，今後，通常の価額では販売することができないことが既往の実績等からみて明らかである場合 ・型式，性能，品質等が著しく異なる新製品が発売されたことにより，今後，通常の方法によっては販売できなくなった場合
その他	・破損，型崩れ，棚ざらし，品質変化等により通常の方法では販売することができなくなったこと

（注）棚卸資産の価額が，単に物価変動，過剰生産，建値の変更等の事情によって低下しただけでは，評価損の計上は認められません。

（3）会計と税務の差異

① 評価方法による差異

　会計上の評価基準は，税務上の低価法と概ね同一ですので，税務上の原価法を採用している場合には，会計と税務に差異が生じます。

② 正味売却価額までの切り下げの取扱いによる差異

　会計上は，将来の販売見込みのない滞留在庫など売却市場における市場価格が観察できない場合には，保守主義の原則により，正味売却価額まで切り下げる方法に代えて，収益性の低下の事実を適切に反映するような会計処理が認められています。

　これに対して，税務上は，課税の公平性が重視されますので，正味売却価額が取得価額を下回っていることを客観的に認識できる場合に限り，低価法としての評価損が認められます。

練習問題18　次の（　　）内に適切な語句を記入しなさい。

① 棚卸資産の評価方法のうち，期末棚卸資産は先に仕入れたものから順次に払い出されると想定して計算した取得価額で評価する方法は，（　　　　　　）である。

② 会計上，棚卸資産は，（　　　　　　　　　）をもって貸借対照表価額とし，期末における（　　　　　　）が取得価額よりも下落している場合には，当該（　　　　　　）をもって貸借対照表価額とする。

③ 税務上，棚卸資産の法定評価方法は，（　　　　　　　　　　）である。

④ 会計上，滞留在庫は，正味売却価額まで切り下げる方法に代えて，（　　　　　　）の事実を適切に反映するような処理が求められる。

Lesson 21　棚卸資産の会計と税務 │ 91

Lesson 22
有価証券の会計と税務

> **本 Lesson でわかるポイント**
> ◎有価証券の種類について
> ◎有価証券の会計と税務上の取扱い
> ◎有価証券の減損について

① 有価証券の評価方法

　有価証券とは，主に株式，債券などの財産的価値を表した証券をいいます。主には株式と債券の2つがあります。

　株式とは，株式会社が不特定多数の人から事業運営に必要な資金を調達する際に資金の出し手（株主といいます）に対して発行する証券です。資金の出し手である株主にとっては，拠出した資金は将来返済されるかどうか不確実である「投資」であるため，株主には，会社から配当を得る権利の他，市場などで売却することで投下資本を回収することが認められています。

　債券とは，国や企業が不特定多数の人から事業運営に必要な資金を調達する際に資金の出し手（債権者）に対して発行する借用証書のことです。資金の出し手にとっては，「融資」していることと同じですので，原則として，満期が来れば拠出した資金を償還してもらえますし，償還までの間に利息をもらうこともできます。

種類	債権者	拠出した当初資金	保有収入	売却収入
株式	株主	返済なし（＝投資）	配当	株式の譲渡
債券	債権者	償還あり（＝融資）	利息	債券の譲渡

（1）会計上の取扱い

会計上は，会社が保有する有価証券は次のように区分され評価されます。

①　売買目的有価証券

時価の変動により利益を得ることを目的として保有する有価証券を「売買目的有価証券」といいます。

ここでいう「時価の変動により利益を得ることを目的として保有する」とは，短期間の価格変動により利益を得ることを目的として保有することをいい，通常は，同一銘柄に対して相当程度の反復的な購入と売却が行われるものをいいます。よって，いわゆるトレーディング目的の有価証券がこれに該当します。

売買目的有価証券は，時価をもって貸借対照表価額とし，評価差額は当期の損益として処理します。

時価の変動により利益を得ることを目的として保有する有価証券については，投資家にとっての有用な情報は有価証券の期末時点での時価であると考え，時価をもって貸借対照表価額とされました。

また，売買目的有価証券は，売却することについて事業遂行上等の制約がなく，時価の変動にあたる評価差額が会社にとっての財務活動の成果と考えられることから，その評価差額は当期の損益として処理することになります。

区分	貸借対照表価額	評価差額
売買目的有価証券	時価	当期の損益

②　満期保有目的の債券

満期まで所有する意図をもって保有する社債その他の債券を「満期保有目的の債券」といいます。

国債，地方債，社債などが該当しますが，いずれもあらかじめ償還日が定められており，かつ，額面金額による償還が予定されているものです。

満期保有目的の債券は，取得原価をもって貸借対照表価額とします。ただし，債券を債券金額より低い価額または高い価額で取得した場合において，取得価額と債券金額との差額の性格が金利の調整と認められるときは，償却原価法に基づいて算定された価額をもって貸借対照表価額としなければなりません。

満期保有目的の債券については，時価が算定できるものであっても，満期まで保有することによる約定利息および元本の受取りを目的としており，満期までの間の金利変動による価格変動のリスクを認める必要がないことから，原則として，償却原価法に基づいて算定された価額をもって貸借対照表価額とすることとされています。

Lesson 22　有価証券の会計と税務　│93

区分	貸借対照表価額	金利調整差額
満期保有目的の債券	取得原価または償却原価	償却原価法

③　子会社株式及び関連会社株式

　子会社とは，会社が他の会社の議決権の過半数を保有し支配している状態にある当該他の会社のことをいいます。

　関連会社とは，会社が他の会社の議決権の20％程度以上を保有し，当該他の会社の意思決定に重要な影響を与えることができる状態にある当該他の会社のことをいいます。

　これらの株式をまとめて「子会社株式及び関連会社株式」といい，取得原価をもって貸借対照表価額とします。

　子会社株式及び関連会社株式については，会社の事業投資と同じく時価の変動を財務活動の成果とは捉えないという考え方に基づき，取得原価をもって貸借対照表価額とします。

区分	貸借対照表価額	評価差額
子会社株式及び関連会社株式	取得原価	なし

④　その他有価証券

　その他有価証券とは，上記①売買目的有価証券，②満期保有目的の債券，③子会社株式及び関連会社株式，以外の有価証券をいいます。

　たとえば，長期的な時価の変動により利益を得る目的で保有する有価証券や業務提携等の目的で保有する有価証券などが含まれます。

　その他有価証券は，時価をもって貸借対照表価額とし，評価差額は洗い替え方式により次のいずれかの方法により処理します。

ⅰ）全部純資産直入法
　評価差額の合計額を純資産の部に計上

ⅱ）部分純資産直入法
・評価差益：純資産に計上
・評価差損：当期の費用に計上

　その他有価証券は，保有目的が多岐にわたることから売買目的有価証券と子会社株式及

び関連会社株式との間の中間的な性格を有するものとして，時価を貸借対照表価額とします。

　その場合の評価差額については，その他有価証券を売却することについて事業遂行上等の制約が伴う場合もあることから，当期の損益とするのではなく，国際的な調和化の観点からも上記のように純資産の部に計上する処理が採用されています。

　なお，評価差損について当期の費用とする部分純資産直入法は，会計上の保守主義の観点から認められています。

区分	貸借対照表価額	評価差額
その他有価証券	時価	・全部純資産直入法 　評価損益は貸借対照表の純資産に計上する ・部分純資産直入法 　評価益は貸借対照表の純資産に計上し，評価損は 　損益計算書の当期の費用とする

（2）税務上の取扱い

　税務上は，会社が保有する有価証券は次のように区分され評価されます。

①　売買目的有価証券

　税務上は，会計と同様に，売買目的有価証券は，時価評価されます。

　したがって，会計上の当期の評価損益は，税務上の益金または損金となりますので，税務上の申告調整は必要ありません。

②　満期保有目的等有価証券

　会計上の区分「満期保有目的等の債券」と同様に，取得原価をもって貸借対照表価額とします。また税務上も債券を債券金額より低い価額または高い価額で取得した場合において，取得価額と債券金額との差額の性格が金利の調整と認められるときは，償却原価法に基づいて算定された価額をもって貸借対照表価額とします。

③　その他有価証券

　会計上の区分「子会社株式及び関連会社株式」および「その他有価証券」については，税務上は「その他有価証券」とし，取得原価で評価します。

（3）会計と税務の差異

　会計上の「その他有価証券」は，決算期末日において時価評価し，全部純資産直入法を

Lesson 22　有価証券の会計と税務　｜95

採用している場合，評価差額はすべて純資産となります。税務上は，取得原価で評価しますので，会計と税務の差異が生じますが，税引前当期純利益に影響しないので，税務上の申告調整は不要です。

それに対して，部分純資産直入法を採用している場合には，評価差損が当期の費用となるため，税引前当期純利益に影響を及ぼします。したがって，この場合は税務上の申告調整が必要となります。

会計		税務	
区分	評価方法	区分	評価方法
売買目的有価証券	時価法	売買目的有価証券	時価法
満期保有目的等の債券	原価法または償却原価法	満期保有目的有価証券	償却原価法
子会社株式・関連会社株式	原価法	その他有価証券	原価法
その他有価証券	時価法		

出所：筆者作成。

❷ 有価証券の減損処理

（1）会計上の取扱い

売買目的有価証券および部分純資産直入法を採用するその他有価証券，以外の有価証券は，決算期末に評価差額が当期の損益として損益計算書に表われません。

しかし，それらの有価証券であっても，決算期末日の価値が取得価額に比べて著しく下落している場合には，経済的な実態を財務諸表に反映する必要があります。

そこで，取得価額に比べて決算期末日の価値が著しく下落している場合には，評価差額を損益計算書に計上するとともに，価値下落後の価額を貸借対照表に計上することになります。このような会計処理を「有価証券の減損」といいます。

時価のある「売買目的有価証券以外の有価証券」については，時価が著しく下落（50％程度以上下落）したときは，回復する見込みがあると認められる場合を除き，時価をもって貸借対照表価額とし，評価差額は当期の損失として処理します。

時価のない株式については，発行会社の財政状態の悪化により実質価額が著しく下落したときには，回復可能性が十分な証拠によって裏付けられる場合を除き，実質価額をもって貸借対照表価額とし，評価差額は当期の損失として処理します。なお，実質価額とは，決算期末日の1株当たりの純資産額に保有株数を掛けた金額のことをいいます。

図表22-1　売買目的有価証券以外の有価証券の減損の例

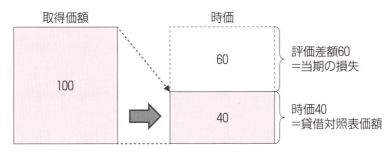

　この場合，時価は取得価額の40％下落しており，時価が著しく下落していると判断されます。時価の回復見込みがあると認められなければ，取得価額と時価との差額60を減損処理します。

（2）税務上の取扱い

　上場有価証券等については，期末の価額が著しく下落し（帳簿価額の概ね50％相当額を下回り），かつ，近い将来，その価額の回復が見込まれない場合には，帳簿価額とその価額との差額（評価損）の損金算入が認められます。

　上場有価証券等以外の有価証券は，会社の資産状態が著しく悪化した場合に評価損を計上できます。会社の資産が著しく悪化した場合とは，破産手続きの開始決定，民事再生手続きの開始決定など会社の法的整理が必要となった場合の他，当該有価証券の発行会社の期末の1株当たり純資産が当該有価証券を取得した時の1株当たり純資産に比して概ね50％以上下回る状態にあり，近い将来，その価額の回復が見込まれない場合です。

（3）会計と税務の差異

　会計と税務では，上場有価証券等の減損処理を行う際の判断基準が異なります。

　会計上は，回復可能性があるといえる場合を除き減損処理が必要となるので，回復する見込みが不明の場合は，減損処理が必要となる一方で，税務上は回復可能性がない場合のみ損金算入が可能となるため，回復可能性について不明の場合は，損金算入ができないこととなります。

　このため，会計上で減損処理された場合でも，税務において損金算入が認められない場合があります。

図表22-2　上場有価証券等の減損処理の要否

時価の回復可能性	会計	税務
あり	×	×
不明	○	×
なし	○	○

○：減損処理が認められる
×：減損処理が認められない

練習問題19 次の（　）内に適切な語句を記入しなさい。

① 有価証券とは，主に（　　　　　　　）と（　　　　　　　）の2つである。

② 会計上，有価証券は，（　　　　　　　　　　　），（　　　　　　　　　　　　），
（　　　　　　　　　　　），（　　　　　　　　　　　　　）の4つに区分される。

③ 会計上，その他有価証券の評価差額は，部分純資産直入法を採用していた場合，評価差損は
（　　　　　）となる。

④ 税務上，その他有価証券の評価差額は（　　　　　　　）。

⑤ （　　　　　　　　　　　　　　　）については，会計上の減損の要否を検討しなければならない。

⑥ 税務上の上場有価証券等の減損については，時価の回復可能性について不明の場合は
（　　　　　）。

Lesson 23
固定資産の会計と税務

> **本 Lesson でわかるポイント**
> ◎減価償却とは何か？
> ◎税務上の減価償却について
> ◎固定資産の減損について

① 固定資産の減価償却

（1）会計上の取扱い

　固定資産のうち，利用または時の経過により価値が減少する資産を減価償却資産といい，建物，機械装置，器具備品等が該当します。

　減価償却資産は，利用または時の経過により価値が減少しますが，その価値の減少額を見積もり，その取得原価を各事業年度に費用配分する手続きを減価償却といい，会計上，期間損益の適正化を目的として，毎期，計画的，規則的に実施されます。

　土地のように価値が減少しない固定資産は非減価償却資産として，減価償却の対象となりません。また，特許権，実用新案権，意匠権，商標権，ソフトウェア，営業権などの無形固定資産や，牛，馬などの生物も減価償却資産となります。

　減価償却費の計算は，固定資産の取得原価から残存価額を差し引いた減価償却総額を固定資産の使用可能な耐用年数の各会計期間に適正に配分するために，一定の減価償却方法に従って行われます。

① 取得原価

　固定資産の取得原価とは，固定資産の購入代金に購入のための手数料，運送費，荷役費，据付費，試運転費などを加えた金額です。

② 残存価額

　残存価額は，固定資産の耐用年数経過時において予想される当該資産の売却価格または利用価格から解体，撤去，処分等の費用を控除した金額であり，各企業が当該資産の特殊

99

的条件を考慮して合理的に見積りを行います。

③ 耐用年数

耐用年数は，当該資産について経済的に使用可能と予測される年数であり，各企業が自己の固定資産につきその特殊的条件を考慮して自主的に決定します。

④ 減価償却方法

会計上，減価償却方法としては，定額法，定率法，級数法，生産高比例法が認められています。

減価が主として時の経過を原因として発生する場合には，定額法，定率法，級数法が適していますが，減価が主として固定資産の利用に比例して発生する場合には，生産高比例法が合理的です。

配分基準	減価償却方法
期間	定額法，定率法，級数法
生産高	生産高比例法

1）定額法

定額法とは，資産の耐用年数にわたり，毎年一定金額だけ有形固定資産の価値を下げる方法です。

たとえば，100万円で取得した備品が5年間使用できて，5年後には価値がゼロになるとすると，1年間に20万円価値を下げます。この20万円は減価償却費（費用）として損益計算書に記載されます。定額法では，減価償却費は次の算式で求めます。

> 1年分の減価償却費 ＝ 取得原価 ÷ 耐用年数

図表23-1　定額法による減価償却のイメージ図

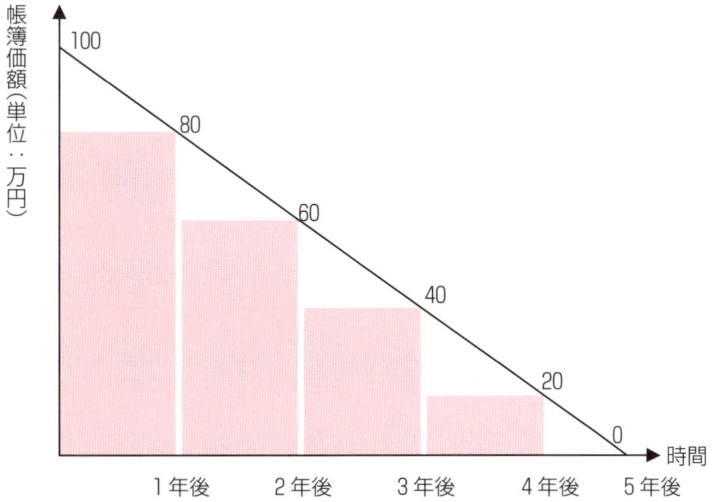

2）定率法

定率法とは，有形固定資産の未償却残高（＝前期末帳簿価額）に償却率を乗じて，減価償却費を計算する方法です。定率法では，減価償却費は次の算式で求めます。

$$1年分の減価償却費 = 未償却残高 \times 償却率$$

$$= （取得原価 - 減価償却累計額）\times 償却率$$

減価償却累計額とは，今までの減価償却費の合計です。

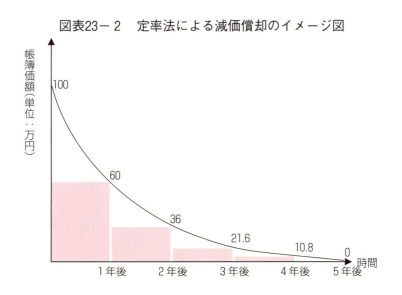

図表23-2　定率法による減価償却のイメージ図

Lesson 23　固定資産の会計と税務　｜101

	未償却残高①	償却率②	減価償却費③ ＝①×②	減価償却累計額	期末の価値 （＝帳簿価額） ＝①－③
1年目	1,000,000円	40%（0.4）	400,000円	400,000円	600,000円
2年目	600,000円	40%（0.4）	240,000円	640,000円	360,000円
3年目	360,000円	40%（0.4）	144,000円	784,000円	216,000円
4年目	216,000円	50%（0.5）	108,000円	892,000円	108,000円
5年目	108,000円		107,999円	999,999円	1円

（2）税務上の取扱い

税務上の減価償却費の計算方法については，会計上の減価償却費の計算方法と同様です。

すなわち，「取得価額」「耐用年数」「残存価額」「償却方法」などの減価償却の計算要素を用いて減価償却費を計算することについては，税務上も会計上も同様です。

しかし，会計上の減価償却の計算に用いる「取得価額」「耐用年数」「残存価額」「償却方法」など各要素の選択については，適正な期間損益計算の範囲内において，各企業の見積もりと判断に委ねられています。

それに対して，税務上の減価償却費の計算方法については，課税の公平の見地から減価償却計算の各要素について法定し，これに基づいて計算された減価償却費（償却限度額）の範囲内で損金経理を要件として損金の額に算入することとしています。

① 取得価額

固定資産の取得価額は，原則として会計上の取得原価と同様です。

② 耐用年数

減価償却資産の構造・用途，細目ごとに「減価償却資産の耐用年数等に関する省令」に掲げられている耐用年数を用いることになります。これを法定耐用年数といいます。

たとえば，建物の耐用年数は，鉄骨・鉄筋コンクリート造であり，それが住宅，寄宿舎，宿泊所，学校，体育館用であれば47年，同じ造りであっても事務所，美術館用であれば50年といった年数が定められています。

③ 残存価額

残存価額については，平成19年4月1日以後取得した有形減価償却資産についても残存価額はゼロとされています。無形減価償却資産についても残存価額はゼロです。

④　償却方法

法人税法上の減価償却方法は，以下の通りです。

種類	法定償却方法
①建物，建物付属設備，構築物	定額法
②①を除く有形減価償却資産（③および⑥を除く）	定額法，定率法
③鉱業用減価償却資産（①，⑤および⑥を除く）	定額法，定率法，生産高比例法
④無形固定資産（⑤および⑥を除く）および生物（観賞用等を除く）	定額法
⑤鉱業権	定額法，生産高比例法
⑥リース資産	リース期間定額法

⑤　少額の減価償却資産の損金算入

取得した減価償却資産が次のいずれかに該当する場合には，企業がその取得価額に相当する金額について，その事業の用に供した日の属する事業年度において損金経理したときは，その損金経理した金額は，損金の額に算入されます。

　　1）その使用可能期間が1年未満であるもの
　　2）その取得価額が10万円未満であるもの

本来，減価償却資産は，償却限度額の範囲内において損金の額に算入しなければならないところを，少額の減価償却資産については金額的な重要性が低いことから，通常の減価償却によらずに，簡便的に「消耗品費」などの費用科目で処理することで損金の額に算入することができます。

⑥　一括償却資産の損金算入

減価償却資産で取得価額が10万円以上であっても20万円未満であるものを事業の用に供した場合において，その事業年度において，取得した資産の合計をまとめて以下の計算式により算出した償却限度額まで損金の額に算入することができます。

> 償却限度額＝その事業年度中の一括償却資産の取得価額×その事業年度の月数÷36ヶ月

取得価額が10万円以上20万円未満の減価償却資産についても本来，原則的な償却限度額の範囲内において損金の額に算入しなければならないところを，事務の簡便性の観点から，

通常の減価償却によらず，一括償却資産として上記の簡便な計算式で算出した償却限度額までを損金の額に算入することができます。

⑦　中小企業者等の少額減価償却資産の損金算入

さらに，青色申告法人である中小企業者等（資本金の額または出資金の額が1億円以下の法人など一定の要件を満たす法人）で，常時使用する従業員の数が1,000人以下の法人については，取得価額が20万円以上であっても30万円未満の減価償却資産（1事業年度合計300万円を限度とする）を事業の用に供した場合，その事業の用に供した日の属する事業年度において損金経理したときは，その損金経理した金額は，損金の額に算入することができます。

1単位あたり取得価額	少額の減価償却資産	一括償却資産	中小企業者等の少額減価償却資産	通常の減価償却資産
10万円未満	○	○	○	○
10万円以上20万円未満	×	○	○	○
20万円以上30万円未満	×	×	○	○
30万円以上	×	×	×	○

（3）会計と税務の差異

会計上の減価償却費は，期間損益計算の適正化を目的として，企業が自主的に見積もった耐用年数に基づいて毎期規則的に実施されるのに対して，税務上の減価償却費は，減価償却限度額の範囲内において損金経理を要件として損金として認められるものであり，減価償却を強制されるものではありません。

また，税務上は，固定資産の取得価額によって，少額の減価償却資産，一括償却資産，中小企業者等の少額減価償却資産の特例などが認められており，採用する税務処理によっては，会計処理と差異が生じる場合があります。

たとえば，会社が当期に15万円の備品を購入した場合，会計上「消耗品費」として15万円全額を費用処理しているとします。この場合，税務上，一括償却資産を採用している場合は，15万円×12ヶ月÷36ヶ月＝5万円が損金算入限度額となるので，差額の10万円は税務上の損金にはなりません。

【例】会社が備品15万円を購入し，事業に供した。

このように，会計上の減価償却費が，税務上の減価償却限度額を超える場合や，逆に減価償却限度額に満たない場合があります。

② 固定資産の減損の取扱い

（1）会計上の取扱い

たとえば，企業が建物を1億円で購入したとします。企業が，このような投資を行うのは，投資額の1億円以上を稼ぐことができて，利益が出ると考えているからです。ここで，景気の悪化といった事態が発生して，「どうやっても今後，投資額の1億円を回収することができない」という事態になったらどうすればよいでしょうか。

この場合，建物の価値を回収可能価額（1,000万円だとします）で計算して，貸借対照表には「建物1,000万円」と記載し，差額の9,000万円を減損損失（費用）として損益計算書に記載します。

このように企業の収益性が著しく低下したことにより投資額の回収が見込めない場合に，固定資産の帳簿価額を回収可能価額まで引き下げる処理を，固定資産の減損といいます。

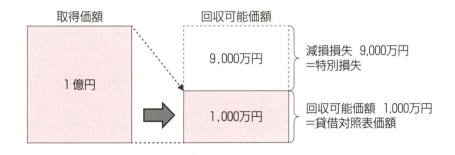

会計上の減損処理は，以下の流れにしたがって行われます。

Lesson 23　固定資産の会計と税務　｜105

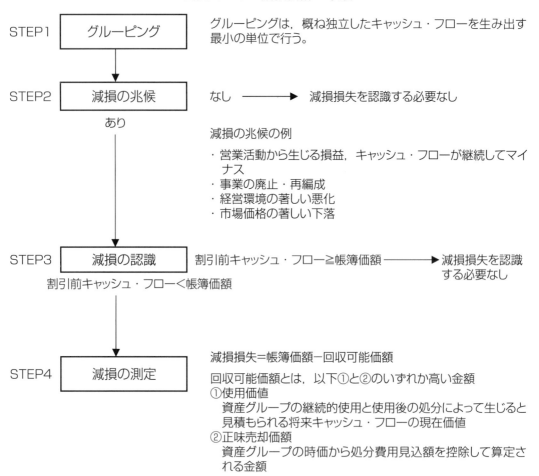

図表23-3 減損会計の手順

出所：筆者作成。

(2) 税務上の取扱い

　税務上，固定資産の減損に関する規定はありません。

(3) 会計と税務の差異

　税務上，固定資産の減損に関する規定はありませんので，税務上の償却限度額を超える会計上の減損損失は，損金に算入できません。

練習問題20 次の（　）内に適切な語句を記入しなさい。

① （　　　　）とは，減価償却資産の価値の減少額を見積もり，その取得原価を各事業年度に費用配分する手続きをいう。会計上，期間損益の適正化を目的として，毎期，（　　　　），（　　　）に実施される。

② 税務上の減価償却は，会計と異なり，毎期の減価償却費を（　　）されるものではなく，償却限度額の範囲内で（　　　　）することで損金の額への算入を認めるものである。

③ 税務上，取得価額（　　　）未満の減価償却資産を事業の用に供した場合，当該事業年度において取得価額全額を損金とすることができる。

④ 固定資産の減損会計とは，企業の（　　　）が著しく低下したことにより投資額の回収が見込めない場合に，固定資産の帳簿価額を（　　　　　）まで引き下げる処理である。

⑤ 減損会計は，会計上は強制適用であるが，税務上の規定は（　　　　　）。

Lesson 23　固定資産の会計と税務　｜107

Lesson 24
引当金の会計と税務

本 Lesson でわかるポイント

◎引当金とは何か？

◎会計上の引当金について

◎税務上の引当金の取扱いについて

① 引当金の取扱い

（1）会計上の取扱い

　会計上は，次の4つの要件を満たす場合には，適正な期間損益計算を行うために，引当金の計上が強制されます。

　当期に引当金とする金額は，損益計算書の費用（引当金繰入額）に計上され，貸借対照表の負債の部または資産の部に引当金残高が記載されます。

図表24－1　引当金計上の4要件

（1）将来の特定の費用または損失であること
（2）その発生が当期以前の事象に起因していること
（3）その発生の可能性が高いこと
（4）その金額を合理的に見積もることができること

図表24－2　引当金の例

種類	内容
貸倒引当金	売上債権（売掛金・受取手形）などの将来の金銭債権の貸倒れに備えて，決算において翌期以降における回収不能額を見積り計上するもの。
退職給付引当金	将来，従業員が退職するときに支払う退職給付額のうち，当期に会社が負担すべき金額を見積り計上するもの。
賞与引当金	会社が従業員等に翌期に支払う賞与に備えて当期に見積り計上するもの。

【賞与引当金の例】

　3月決算会社である当社は，就業規則において，賞与の支給月を6月および12月，支給対象期間をそれぞれ12月～翌年5月，6月～11月と定めている。
　当期の業績を勘案した結果，X2年6月における賞与の支給額を600,000円とした（支給対象期間：X1年12月～X2年5月）。

（会計処理）

X2年3月31日における会計処理

（借方）賞与引当金繰入額　400,000 (*1)	（貸方）賞 与 引 当 金　400,000

（*1）賞与支給額600,000円×4ヶ月（X1年12月～X2年3月）÷6ヶ月（X1年12月～X2年5月）

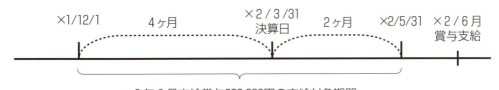

（2）税務上の取扱い

　税務上，損金に計上できるものは，課税の公平の見地から，決算期末時点において債務の確定しているもの，またはその発生の事実があるものに限られています。
　この点，引当金は，会計上の将来の費用または損失を見積もり当期の負担額を計上したに過ぎず，決算期末において確定した債務とはいえません。
　したがって，税務上，原則として，引当金の計上は認められておりません。

（3）会計と税務の差異

　会計上は，引当金が強制されるのに対して，税務上は，引当金が原則として認められないことになり，両者に差異が生じます。

練習問題21　次の（　）内に適切な語句を記入しなさい。

① 引当金とは，以下の4つを満たす場合に（　　）強制されるものである。
　1）（　　）特定の費用または損失であること
　2）その発生が，（　　）の事象に起因していること
　3）その（　　）可能性が高いこと
　4）その金額を（　　）見積もることができること
② 税務上，引当金が認められていない理由は，決算期末において（　　　）が確定していないためである。

Lesson 25
人件費の会計と税務

> **本 Lesson でわかるポイント**
> ◎会計上と税務上の役員の差異について
> ◎会計上の役員報酬の決定について
> ◎税務上の役員給与の損金算入について

① 役員報酬の取扱い

（1）会計上の取扱い

　会社法において定められた役員（取締役，監査役など）が，会社と役員との間の委任契約に基づいてなされた職務執行の対価として会社から受ける財産上の利益を「役員報酬」といい，その金額については，定款または株主総会で決議するとされています。

　会計上は，役員報酬の発生した期間に費用として処理します。

（2）税務上の取扱い

　税務上は，役員の範囲に，会社法上の役員に加え「みなし役員」が含まれます。

【みなし役員とは？】

（1）使用人（職制上，使用人としての地位のみを有する場合に限ります）以外の者で，その法人の経営に従事している者…たとえば，会長，相談役，顧問など

（2）同族会社の使用人（職制上，使用人としての地位のみを有する場合に限ります）のうち，一定の株式所有割合を満たしており，かつ，その法人の経営に従事している者

　税務上の役員は，役員給与の損金不算入の対象となります。

　税務上の役員に対する役員給与として損金算入が認められる場合は，以下の3つの場合に限定しており，これらに該当しない役員給与については損金不算入とされています。

110 |

① 定期同額給与

毎月支給される役員給与が同額であること

役員給与を改定する場合は、事業年度開始日から3ヶ月以内に開催される定時株主総会で改定し、改定前の支給額が同額で、かつ改定後の支給額が同額であること（期中に業務が著しく悪化した場合にやむを得ず減額改定する場合を除く）。

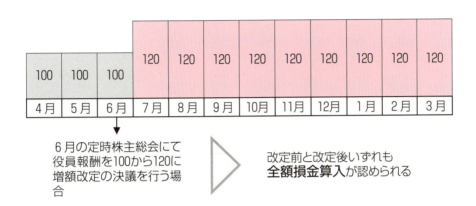

② 事前確定届出給与

特定の月に役員賞与を支給する場合には、定時株主総会日から1ヶ月以内に税務署長に「事前確定給与の届出書」を提出すること。

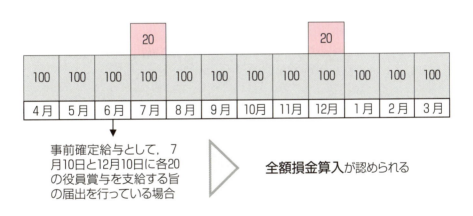

③ 業績連動給与

上場会社などの一定の会社が、業績を示す指標を基礎として役員給与を支給する場合には以下の要件を充足すること。

【業績連動給与の要件】
1）算定方法が、利益の状況を示す指標、株式の市場価格の状況を示す指標、その他法人の業績を示す指標等を基礎とした客観的なものであること

2）業績連動指標の数値の確定後1ヶ月以内（株式等の場合には2ヶ月以内）に交付され，または交付される見込みであること
3）算定方法に係る決定手続きの終了の日以後，遅滞なくその内容が有価証券報告書等により開示されていること
4）損金経理をしていること

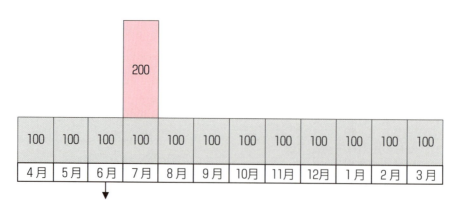

ただし，この3つに該当する場合であっても，不相当に高額と判定された部分，または，事実の隠ぺいもしくは仮装経理により支出したものは損金算入されません。

（3）会計と税務の差異

① 役員の範囲の差異

会社法上の役員に加えて，税務上固有の役員（みなし役員）があります。したがって，税務上の役員の方が，会社法上の役員よりも広い範囲となります。

② 役員報酬と役員給与の差異

会社法上の役員に対する報酬は，賞与も含めて「役員報酬」とされ，その金額については，定款または株主総会決議があれば問題ありません。

それに対して，税務上の損金算入が認められる「役員給与」は，①定期同額給与，②事前確定届出給与，③業績連動給与の3つに限定されています。

さらに，これら3つに該当する場合であっても，不相当に高額と判定された部分，または，事実の隠ぺいもしくは仮装経理により支出したものは損金算入されません。

❷ 使用人給与の取扱い

（1）会計上の取扱い

　会社と役員との間の契約が「委任契約」であるのに対して，会社と使用人との間の契約は，「雇用契約」となります。したがって，使用人は会社に対する労働の対価として，雇用契約上の報酬を得ることになり，これを給料または賞与といいます。

　会計上は，給料または賞与の発生した期間に費用として処理します。

（2）税務上の取扱い

　税務上も，原則として，会計上の取扱いと同様です。

　ただし，「特殊関係使用人」に対する給与・賞与については，その使用人の職務の内容，会社の収益および他の使用人に対する給与の支給状況等に照らし，その使用人の職務に対して不相当に高額な部分の金額は損金の額に算入されません。

【特殊関係使用人とは？】

　特殊関係使用人とは，役員の親族，役員と事実上の婚姻関係と同様の関係にある者，役員から生計の支援を受けている者およびこれらの者と生計を一にするこれらの者の親族をいいます。

（3）会計と税務の差異

　会計と税務に差異があるのは，「特殊関係使用人」の取扱いです。

練習問題22　次の（　　）内に適切な語句を記入しなさい。

① 会社法上の役員報酬は，（　　　　　）または（　　　　　）で決議する。
② 税務上の役員には，会社法上の役員に加え，税務固有の（　　　　　）が含まれる。
③ 税務上の役員給与が損金として認められる場合は，（　　　　　　），（　　　　　　　　）
（　　　　　　）の3つがある。

Lesson 25　人件費の会計と税務　│ 113

Lesson 26
税務調査

本 Lesson でわかるポイント
◎税務調査とは何か？
◎税務調査の流れについて
◎任意調査と強制調査について

① 税務調査の流れ

　税務調査とは，税務署が，納税者である会社が正しく税務申告していることを確認するための調査のことです。

　会社の基本情報の聞き取りから始まり，法人税だけでなく消費税等その他の税目の調査も並行して行われます。

（1）調査の事前通知

　会社に税務調査が入る場合には，通常，調査官から事前に納税者または顧問税理士に調査の日程および場所等の通知があります。通知を受けた調査日が都合の悪い日であれば，調査日程を変更することも可能です。

　調査の対象となるのは，原則として過去3期間です。

（2）調査当日

　調査当日は，一般的に，調査官が会社の代表取締役などと面談し，会社の沿革や業務内容，最近の業績等をヒアリングすることからスタートします。

　会社概要のヒアリングが終わると，会計帳簿をもとに会社の税務処理の適正性についての具体的な調査が行われます。調査では，法人税のみならず，消費税・源泉所得税・印紙税等の調査も並行して行われるのが通常です。

（3）調査当日後の対応

　税務調査において調査官から申告漏れを指摘された場合において，その内容に納税者が

114

同意したならば修正申告書を提出することになります。一方，同意せずに自主的に修正申告書を提出しなかった場合には，税務署長から更正・決定処分を受けることになります。

もし，会社が調査結果に基づく更正・決定に不服がある場合は，税務署長宛てに不服・異議申立てを行い，さらに国税不服審判所に審査請求でき，その後は裁判で争うことになります。

なお，申告漏れにつき悪質なケースと認められる場合には，通常の過少申告加算税に代えて重加算税（増加した税額の35％）が課されることになります。

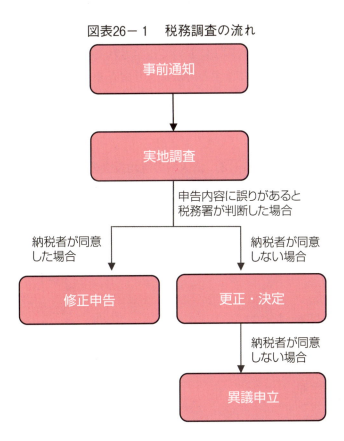

2 任意調査と強制調査

税務調査には，納税者の同意・協力のもとに行われる通常の税務調査と裁判所の令状をもとに強制的に行われる査察調査（通称マル査）があります。

（1）任意調査

通常の税務調査は，正しい申告の指導を目的として行われるもので，各税法において規

定されています。

　納税者の同意を前提にすることから任意調査と位置付けられますが，税務職員には質問検査権が認められていますので，正当な理由なしに拒否した場合には所定の罰則が科せられます。

　任意調査の場合，通常，事前通知がありますが，現金取引が多い会社の場合にあっては，事前通知なく抜き打ちで調査（「現況調査」といいます）が行われることもあります。

（2）強制調査

　脱税容疑者などに対して，裁判所が捜査令状を発行し，強制的に行われる調査であり，査察調査ともいわれ，国税犯則取締法において規定されています。

　強制的権限をもって犯罪捜査に準ずる方法により調査を行い，検察庁に告発，かつ刑事罰を与えることが可能です。

　この査察調査には国税庁と国税局に配置されている国税査察官が当たります。

図表26−2　法人税の実地調査の状況

事務年度等 項目	27	28	前年対比
実地調査件数	千件 94	千件 97	% 103.5
非違があった件数	千件 69	千件 72	% 103.7
うち不正計算があった件数	千件 18	千件 20	% 107.0
申告漏れ所得金額	億円 8,312	億円 8,267	% 99.5
うち不正所得金額	億円 2,374	億円 2,543	% 107.2
調査による追徴税額	億円 1,592	億円 1,732	% 108.8
調査1件当たりの申告漏れ所得金額	千円 8,884	千円 8,534	% 96.1
不正1件当たりの不正所得金額	千円 12,845	千円 12,864	% 100.2
調査1件当たりの追徴税額	千円 1,702	千円 1,788	% 105.1

（注）調査による追徴税額には加算税および地方法人税が含まれています。
出所：平成29年11月国税庁「平成28事務年度 法人税等の調査実績の概要」より抜粋。

練習問題23 次の（　）内に適切な語句を記入しなさい。

① 税務調査は，まず，税務署の調査官が納税者に対して前もって（　　　　）を行うところから始まる。

② 実地調査終了後に調査官から申告漏れを指摘された場合において，その内容に納税者が同意したならば納税者は（　　　　）を提出することになる。

③ 税務調査の種類は，納税者の同意・協力のもとに行われる通常の税務調査である（　　　　）と裁判所の令状をもとに強制的に行われる（　　　　）の２つに分かれる。

Lesson *27*
その他の税金

> **本 Lesson でわかるポイント**
> ◎法人税以外に法人の所得に応じて係る税金（法人住民税，法人事業税）の仕組みについて
> ◎消費税の仕組みについて
> ◎その他の税金について

① 法人住民税

　法人住民税には，市町村民税および道府県民税の 2 つがあります（東京都23区内にある法人については，両方とも「都民税」として課税されます）。

（1）法人住民税の納税義務者（利子割を除く）
① 市町村民税の納税義務者
　1）市町村内に事務所または事業所を有する法人
　2）市町村内に寮，宿泊所，クラブ等の施設を有する法人

② 道府県民税の納税義務者
　1）道府県内に事務所または事務所を有する法人
　2）道府県内に寮，宿泊所，クラブ等の施設を有する法人

（2）法人住民税の税率
① 法人税割
　法人税割は，法人税額を基準に課される税金であり，「法人税額×税率」で計算します。
　標準税率とは，通常用いられる税率のことですが，地方公共団体において，財政上，特別に必要がある場合には，必ずしもこの税率によらなくてもよいことになっています（ただし，上限が定められており，その上限の率を制限税率といいます）。

種類	2016/ 4 / 1 ～2019/ 9 /30に 開始する事業年度		2019/10/ 1 以降に 開始する事業年度	
	標準税率	制限税率	標準税率	制限税率
道府県民税	3.2%	4.2%	1.0%	2.0%
市町村民税	9.7%	12.1%	6.0%	8.4%

（注）東京都の場合は，道府県民税の税率と市町村民税の税率の合計です。
出所：地方税法第51条第１項，同法第314条の４第１項に基づき筆者作成。

② 均等割

均等割は，法人の資本金等の額と従業員の人数に応じて算出される税金です。つまり，均等割は，所得の有無・多寡に関係なく税額が決まります。

地方税法により定められている均等割の標準税率は下表のとおりです。

区分		標準税率	制限税率
資本金等の額	従業者数		
1,000万円以下	50人超	12万円	2 万円
	50人以下	5 万円	
1,000万円超　1 億円以下	50人超	15万円	5 万円
	50人以下	13万円	
1 億円超　10億円以下	50人超	40万円	13万円
	50人以下	16万円	
10億円超　50億円以下	50人超	175万円	54万円
	50人以下	41万円	
50億円超	50人超	300万円	80万円
	50人以下	41万円	
資本金等の額を有しない法人		5 万円	2 万円

（注）資本金等の額とは，資本金と資本準備金等との合計額をいいます。
出所：地方税法第52条第１項，同法第312条第１項に基づき筆者作成。

② 法人事業税

法人事業税とは，法人が行う事業に対して課される税金です。

法人の種類や業種によって計算方法が違いますが，一般的な事業会社であれば，「所得金額×税率」により税額が算定され，事務所や事業所（以下，「事務所等」）が所在する都道府県に納めます。

Lesson 27　その他の税金　| 119

（1）納税義務者

　道府県内に事務所・事業所を設けて事業を行っている法人で，原則として所得のある法人が納税義務者となります。

　なお，電気・ガス供給業等を行う法人については，所得ではなく収入金額に対して課税されます。

（2）法人の「所得」に課される地方税

　事業を行う者は，地方公共団体（県や市区町村）の行政サービスの恩恵を受けています。そこで事業を行う法人には，通常の住民税（道府県民税・市町村民税）以外に事業税が課されます。事業税は，原則として所得金額を課税標準とします。

　なお，2つ以上の都道府県に事務所等を有する法人（事業税の分割法人といいます）の各都道府県の課税標準は，下記の分割基準に応じて按分計算します。

業種	分割基準
製造業	従業者の数
倉庫業・ガス供給業	固定資産の価額
電気供給業	固定資産の価額と発電に使用するものの価額
鉄道事業・軌道事業	軌道の延長キロメートル数
非製造業（下記以外の業種）	事務所等の数と従業者の数

出所：地方税法第72条の48に基づき筆者作成。

（3）税　率

①　期末資本金額が1億円以下の普通法人

　法人所得に下表に定める税率を乗じて算出します。

所得区分		2016/4/1〜2019/9/30に開始する事業年度	2019/10/1以降に開始する事業年度
軽減税率適用法人	年400万円以下の部分	3.4%	5.0%
	年400万円超　800万円以下	5.1%	7.3%
	年800万円超の部分	6.7%	9.6%
軽減税率不適用法人		6.7%	9.6%

（注）軽減税率不適用法人とは，3以上の都道府県において事務所等を設けており，かつ，資本金が1,000万円以上の法人をいいます。軽減税率不適用法人以外の法人を軽減税率適用法人といいます。
　　上表の税率は標準税率を表しており，制限税率は標準税率×1/2となります。
出所：地方税法第72条の2，同法第72条の12に基づき筆者作成。

② 期末資本金額が1億円超の普通法人（外形標準課税）

期末資本金が1億円超の法人については，外形標準課税という課税方法で事業税を計算します。

外形標準課税は，次の所得割，付加価値割および資本割の3つの基準に基づいて計算した金額の合計額を事業税の額とします。

1）所得割

所得割は，法人税（国税）の計算上の課税所得に必要となる調整を行った金額に下記の税率を乗じて算出します。

2）付加価値割

付加価値割は，各事業年度の収益配分額（報酬給与額，純支払利子および純支払賃借料の合計額をいいます）と各事業年度の単年度損益を合算した金額に下記の税率を乗じて算出します。

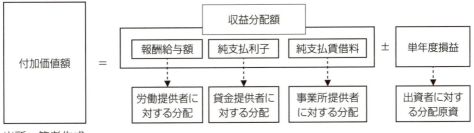

出所：筆者作成。

3）資本割

資本割は，各事業年度末の資本金等の額に下記の税率を乗じて算出します。

所得区分		2016/4/1～2019/9/30に開始する事業年度	2019/10/1以降に開始する事業年度
所得割	軽減税率適用法人 年400万円以下の部分	0.3%	1.9%
	年400万円超 800万円以下	0.5%	2.7%
	年800万円超の部分	0.7%	3.6%
	軽減税率不適用法人	0.7%	3.6%
付加価値割		1.2%	1.2%
資本割		0.5%	0.5%

（注）軽減税率不適用法人とは，3以上の都道府県において事務所等を設けており，かつ，資本金が1,000万円以上の法人をいいます。軽減税率不適用法人以外の法人を軽減税率適用法人といいます。
　　上表の税率は標準税率を表しており，制限税率は標準税率×1/2となります。
出所：地方税法第72条の2，同法第72条の12に基づき筆者作成。

③ 消費税

(1) 納税義務者

　消費税は，①国内において，②事業者が事業として，③役務提供の対価として，④資産の譲渡および貸付けならびに役務の提供である，という4つの要件を満たした場合に，国内取引において消費税の課税対象となり，消費税の納税義務者となります。

　ただし，基準期間（前々事業年度）の課税売上高が1,000万円以下である場合には，消費税の納税義務が免除されます。

(2) 原則課税

　原則として，事業者が得意先などに商品を販売する，または役務を提供することにより得た対価に含まれる消費税（得意先からの預かり消費税）から，仕入先などから商品を購入する，またはサービスを受領することにより支払った対価に含まれる消費税（仕入先に対する支払い消費税）を差し引いた差額が，事業者の納付する消費税となります。

【原則課税の流れ】

（例）ある事業者は，税抜8,000円の商品を仕入れ，税抜10,000円で得意先に販売しました。この場合，納付しなければならない税額はいくらでしょうか？

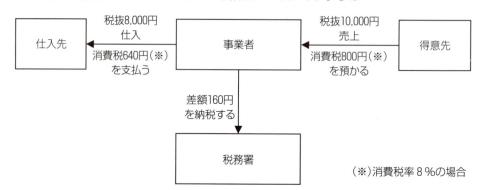

(※)消費税率8％の場合

(3) 簡易課税

　原則課税に代えて，基準期間（前々事業年度）の課税売上高が5,000万円以下の場合には簡易課税制度を選択することができます。

　簡易課税の計算方法は，以下の通りです。

> 納める消費税＝課税売上高の消費税－（課税売上高の消費税×みなし仕入率）

　この方法は，支払った消費税を集計する必要がなく，課税売上高の消費税×みなし仕入

率の金額を支払った消費税とみなす方法です。

　みなし仕入率は，業種ごとに6種類あり，40%～90%まで定められています。

（4）申　告

　法人事業者は，課税期間（原則として1事業年度）ごとに，課税期間の終了後2ヶ月以内に所轄税務署に消費税の確定申告書を提出するとともに，納付すべき消費税を納付しなければなりません。

❹ 事業所税，固定資産税

（1）事業所税

　事業所税は，政令指定都市等が一定規模以上の事業を行っている法人に対して課税する税金です。事業所等の床面積を対象とする資産割と，従業者の給与総額を対象とする従業者割とに分けて課税されます。

　法人事業者は，事業年度終了の日から2ヶ月以内に，その事業年度分を申告および納付します。

種類	納税義務者	税額
資産割	使用する事業所等の床面積の合計が1,000㎡を超える規模で事業を行う法人	事業所床面積（㎡）×600円
従業者割	事業所等の従業者数の合計が100名を超える規模で事業を行う法人	従業者給与総額×0.25%

出所：地方税法第701条の42に基づき筆者作成。

（2）固定資産税

　固定資産税は，毎年1月1日現在の土地，家屋などの固定資産および機械設備・備品などの償却資産の所有者に対して課される税金です。

　固定資産税額は，市町村が算定した固定資産評価額を基にした課税標準額に税率1.4%を乗じた金額となります。

　償却資産を所有している場合には，毎年1月1日において所有している償却資産について，1月31日までに資産が所在する市町村に申告する（東京都23区においては，特例で東京都）必要があります。

Lesson 27　その他の税金　│123

種類	納税義務者
土地	土地登記事項証明書または土地補充課税台帳に所有者として登記または登録されている個人または法人
家屋	家屋登記事項証明書または家屋補充課税台帳に所有者として登記または登録されている個人または法人
償却資産	償却資産課税台帳に所有者として登録されている個人または法人

練習問題24　　次の（　　）内に適切な語句を記入しなさい。

① 法人住民税の法人税割は，法人税額を基準に課される税金であり，（　　　　）× 税率により算出される。

② 資本金１億円以下の法人についての事業税は，（　　　　）×税率により算出されるが，資本金１億円を超える法人については，（　　　　　　）という課税方式により所得割の他（　　　　），（　　　　）の３つの区分により事業税が算出される。

③ 消費税の納税義務者の要件は，以下の４つを満たす者である。
　1）（　　　　　）において，
　2）（　　　　　　）が事業として，
　3）　役務提供の（　　　　　）として，
　4）　資産の譲渡および貸付けならびに（　　　　　）

④ 基準期間の課税売上高が（　　　　）以下の場合には，消費税の納税については（　　　　　）を選択することができる。

⑤ 事業所税には，事業所床面積に対して課税する（　　　　　　）と，従業者給与総額に対して課税する（　　　　　　）の２つがある。

⑥ 固定資産税は，会社が毎年（　　　　）に土地，建物，（　　　　）を所有する場合に課税される。

解 答 編

練習問題 1

(単位：百万円)

当 座 資 産　119,668 ＝ 29,618 ＋ 78,212 ＋ 12,000 － 222
棚 卸 資 産　28,704 ＝ 16,355 ＋ 972 ＋ 11,377
償 却 性 資 産　140,354 ＝ 81,030 ＋ 49,393 ＋ 5,472 ＋ 4,459
非償却性資産　54,391 ＝ 49,820 ＋ 4,571
自 己 資 本　226,438 ＝ 217,509 ＋ 8,929
他 人 資 本　155,775

練習問題 2

(単位：百万円)

	前連結会計年度	当連結会計年度
①売上総利益	123,457	128,915
②営業利益	29,818	31,261
③経常利益	31,364	32,511
④税引前当期純利益	30,290	30,783
⑤当期純利益	17,093	18,099

練習問題 3

(単位：百万円)

	2015年11月	符号	2016年11月	符号	2017年11月	符号
CFO	28,094	＋	45,260	＋	27,234	＋
CFI	△31,181	－	△32,046	－	△31,421	－
CFF	△7,101	－	△5,805	－	4,010	＋
FCF	△3,087		13,214		△4,187	

練習問題 4

	任天堂 株式会社	キッセイ薬品 工業株式会社
①流動資産	1,276,764	100,599
②当座資産	1,057,728	76,531
③手元流動性	987,986	47,659
④固定資産	356,984	112,487
⑤流動負債	278,076	17,448
⑥固定負債	32,097	19,546
⑦純資産	1,323,574	176,092
⑧自己資本	1,319,035	175,701
売上高	1,055,682	74,009
流動比率＝（流動資産÷流動負債）×100	459.1%	576.6%
当座比率＝（当座資産÷流動負債）×100	380.4%	438.6%
手元流動性比率（＝手元流動性÷1ヶ月当たり売上高）	11.2月	7.7月
固定比率（＝固定資産÷自己資本）	27.1%	64.0%
固定長期適合率＝固定資産÷（純資産＋流動負債＋固定負債）×100	26.3%	57.5%
自己資本比率＝（自己資本÷総資本）×100	80.7%	82.5%

＊総資本＝負債・純資産合計
＊本来，手元流動性比率を算出する際の分子は期首期末平均値を使用するが，本問題では単年
　度分の数値のみなので，期首期末平均値を使用せず簡便に計算している。

125

練習問題 5

	キッセイ薬品工業株式会社	任天堂株式会社
棚卸資産回転期間（日）	80.5	31.3
売上債権回転期間（日）	132.2	30.4
買入債務回転期間（日）	24.0	41.9
CCC（日）	188.7	19.8

＊棚卸資産回転期間，売上債権回転期間，買入債務回転期間の各回転期間の分子は，前連結会計年度と当連結会計年度の平均値を使用すること。
＊業種ごとの違いに着目してみよう。

練習問題 6

Q1.

	キユーピー株式会社	任天堂株式会社
総資本経常利益率（ROA）	8.1%	12.9%
経営資本営業利益率	9.1%	13.6%
自己資本当期純利益率（ROE）	8.2%	10.9%

＊分子の貸借対照表項目は期首期末平均値を使用すること。

Q2.資本利益率の分解

キユーピー株式会社

$$\text{ROA } 0.0807 = \frac{32,511}{561,688} \times \frac{561,688}{402,560.5} = 0.0579 \times 1.3953$$

$$\text{ROE } 0.083 = \frac{18,099}{561,688} \times \frac{561,688}{402,560.5} \times \frac{419,207}{226,438} = 0.0322 \times 1.3952 \times 1.8513$$

任天堂株式会社

$$\text{ROA } 0.1284 = \frac{199,356}{1,055,682} \times \frac{1,055,682}{1,551,363} = 0.1888 \times 0.6804$$

$$\text{ROE } 0.1114 = \frac{139,590}{1,055,682} \times \frac{1,055,682}{1,551,363} \times \frac{1,633,748}{1,319,035} = 0.1322 \times 0.6804 \times 1.2385$$

＊Q1とQ2のROAとROEの比率の若干の誤差は小数点以下の四捨五入などによる。

練習問題 7

（単位：%）

	任天堂株式会社	キッセイ薬品工業株式会社
売上高売上総利益率	38.2	65.0
売上高販管費率	21.4	51.7
売上高営業利益率	16.8	13.4
売上高純金利負担率	−1.8	−1.4
売上高経常利益率	18.9	15.4
売上高当期純利益率	13.2	12.2

練習問題 8　①　意思決定会計　②　業績評価会計

練習問題 9　①　中期経営計画　全社戦略　事業戦略

②　経営理念　経営ビジョン　全社戦略　事業戦略　機能別戦略　経営計画

③　中期経営計画　予算　利益計画　予算実績差異分析

④　強み　弱み　機会　脅威　SWOT

⑤　内部資源価値　希少性　模倣困難性　最適組織　供給者の交渉力　買い手の交渉力　競争企業間の敵対関係　新規参入者の脅威　代替品の脅威

練習問題10　①　売上高予算　売上原価予算　販売費および一般管理費予算　営業外損益予算　利益計画

②　売上総利益

練習問題11　①　予算　実績　差異

②　売上高予算　売上原価予算　販売費および一般管理費予算　営業外損益予算　利益計画

③　修正　経営計画

練習問題12　①（1）損益分岐点売上高 = 固定費 ÷（1 － 変動費 ÷ 売上高）

　　　　　　損益分岐点売上 = 500,000円 ÷（1 － 150円 ÷ 500円）

　　　　　　損益分岐点売上 = 714,285.71円

　　　（2）損益分岐点売上数量 = 固定費 ÷（単価 － 単価あたり変動費）

　　　　　　損益分岐点売上数量 = 500,000円 ÷（500円 － 150円）

　　　　　　損益分岐点売上数量 = 1,428.57個

②　目標利益売上高 = （固定費 + 目標利益）÷（1 － 変動費 ÷ 売上高）

目標利益売上高 =（87,000,000円 + 60,000,000円）÷（1 － 65,000,000円 ÷ 215,000,000円）

目標利益売上高 = 147,000,000円 ÷ 0.7

目標利益売上高 = 210,000,000円

練習問題13　①　社員の学習と成長の視点　内部業務プロセスの視点　顧客の視点　財務の視点　戦略マップ

練習問題14　①　人格なき社団

②　800万円　800万円

③　納税義務

練習問題15　①　申告調整

②　欠損金　通算

③　欠損金の繰戻還付

練習問題16　①　2ヶ月

②　6ヶ月　2ヶ月

③　過少　過大

④　過大　過大

練習問題17　①　金銭債権　金銭

②　貸倒見積高　貸倒引当金

③　法律上の貸倒れ　事実上の貸倒れ　形式上の貸倒れ

練習問題18　①　先入先出法

②　取得原価　正味売却価額　正味売却価額

解答編 | 127

③　最終仕入原価法による原価法

④　収益性の低下

p. 76【例題 1】ゼロ，　p. 77【例題 2】21

練習問題19　①　株式　債券

②　売買目的有価証券　満期保有目的の債券　子会社及び関連会社株式　その他有価証券

③　当期の費用

④　ない

⑤　売買目的有価証券以外の有価証券

⑥　認められない

練習問題20　①　減価償却　計画的　規則的

②　強制　損金経理

③　10万円

④　収益性　回収可能価額

⑤　ない

練習問題21　①　会計上

　　１）　将来の

　　２）　当期以前

　　３）　発生の

　　４）　合理的に

②　債務

p. 86【例題 3】98,000円

練習問題22　①　定款　株主総会

②　みなし役員

③　定期同額給与　事前確定届出給与　業績連動給与

練習問題23　①　事前通知

②　修正申告書

③　任意調査　強制調査又は査察調査

練習問題24　①　法人税額

②　所得金額　外形標準課税　付加価値割　資本割

③１）　国内

　　２）　事業者

　　３）　対価

　　４）　役務の提供

④　5,000万円　簡易課税制度

⑤　資産割　従業者割

⑥　1月1日　償却資産

《著者紹介》

ふりがな	せき　りえこ	担　当
氏　名	関　利恵子（Rieko Seki）	第1部
現　職	信州大学 社会科学系経法学部 准教授	

年　月	略　歴
2000年9月	明治大学大学院経営学研究科博士後期課程単位取得退学
2000年10月	信州大学経済学部専任講師
2003年4月	助教授（現，准教授）
2016年4月	信州大学社会科学系経法学部准教授，現在に至る。

専攻・所属学会・主要著書・社会活動	
専　攻	管理会計，経営分析
所属学会	日本会計研究学会，日本管理会計学会，日本原価計算研究学会，日本経営分析学会
主要著書	『利益調整と企業価値』（単著，森山書店，2009年），『財務分析からの会計学』（共著，森山書店，2015年），『実践　中小企業におけるマテリアルフローコスト会計　長野県における取組み―導入支援から継続的導入まで―』（共著，SC2出版，2018年）
社会活動	一般社団法人 ICTマネジメント研究会 理事（2019年1月～），長野県地方独立行政法人長野県県立病院機構評価委員会 委員（2012年4月～），総務省独立行政法人評価委員会評価委員（2016年4月～2017年3月），国土交通省 独立行政法人評価委員会臨時委員（2011年7月～2016年3月），株式会社テレビ松本ケーブルビジョン「トップに聞く～地域の活力源」（2012年5月～2018年1月）

読者へのメッセージ

　専門用語や無味乾燥な数字の羅列が続く会計は，学生時代，とっつきにくくまったく関心のない苦手な科目でした。ひょんなきっかけから，会計研究者になったわけですが…。

　本書は，学生時代の私の苦手意識や講義での学生とのやりとりを通じて，独学でも財務分析ができるように工夫をしてあります。本書を通じて，会計の面白さに気づき，生活に活かせるようになってもらえれば幸いです。

《著者紹介》

ふりがな	いしい　ひろむね	担　当
氏　名	石井　宏宗 (Hiromune Ishii)	第2部
現　職	サンシングループ代表 博士（経営学） 東京福祉大学非常勤講師	

年　月	職　歴・教　歴
1996年4月	サンケン電気株式会社入社（1998年9月まで）
1998年10月	サンシン電気株式会社入社（その後，企業再生，7社の起業など）
2005年12月	サンシングループ　代表（現在に至る）
2007年9月	明海大学非常勤講師（2013年度まで）
2015年4月	明治大学大学院特任講師・マレーシア工科大学ダブルマスタープログラム担当・明治大学ビジネススクール准教授（2017年度まで）他
2018年4月	東京福祉大学非常勤講師（現在に至る）

専攻・所属学会・主要著書	
専　攻	収益管理会計・ファミリービジネス・福祉と経営
所属学会	日本経営実務研究学会・日本マネジメント学会・ICTマネジメント研究会（理事長）
主要著書	『M&Aと株主価値—Does M&A pay?—』（単著，森山書店，2010年），『経営とは生きること』（単著，税務経理協会，2011年），『スタートアップ・ビジネス』（単著，創成社，2018年），『社長が教える経営学』（単著，創成社，2019年），他多数

読者へのメッセージ

　会計は，知っておいて損はない。家計・企業・国家，いかなる組織においても，すべての活動を会計により測定・伝達することで，組織は不正をせず，正常な軌道から外れずに済む。会計とは，生きるために不可欠な知恵なのである。

《著者紹介》

ふりがな	やはた　ひろのぶ	担　当
氏　名	八幡　浩伸(Hironobu Yahata)	第3部
現　職	税理士法人みずほ　社員パートナー 公認会計士・税理士 明海大学 不動産学部 非常勤講師	

年　　月	職　歴・教　歴
1994年4月	大和ハウス工業株式会社 入社（1999年7月まで）
2002年10月	優成監査法人（現 太陽有限責任監査法人）入所（2009年6月まで）
2009年7月	山田FAS㈱（現 山田コンサルティンググループ株式会社） 入社（2012年8月まで）
2014年1月	荒井公認会計士事務所（現 税理士法人みずほ）入所（現在に至る）
2013年4月	明海大学 不動産学部 非常勤講師（現在に至る）

現在の職務内容

　企業オーナーに対する株式承継コンサルティング，不動産オーナーに対する財産承継コンサルティングについて，具体的な提案から実行支援まで税務顧問として行う。

（検印省略）

2012年10月20日　初版発行	
2019年 7 月20日　改訂版発行	略称－経営分析ワーク

会社の数字が
ガンガンわかる　**ゼロからの経営分析ワークブック**［改訂版］
　　　　　　　　　　　—財務会計・管理会計・税務会計の視点から—

著　者	関	利恵子		
	石　井	宏　宗		
	八　幡	浩　伸		
発行者	塚　田	尚　宏		

発行所　東京都文京区　**株式会社　創　成　社**
　　　　春日2−13−1

電　話 03（3868）3867	ＦＡＸ 03（5802）6802
出版部 03（3868）3857	ＦＡＸ 03（5802）6801
http://www.books-sosei.com	振　替 00150-9-191261

定価はカバーに表示してあります。

©2019 Rieko Seki, Hiromune Ishii, Hironobu Yahata
ISBN978-4-7944-2542-3 C3034
Printed in Japan

組版：亜細亜印刷　印刷：亜細亜印刷
製本：宮製本所
落丁・乱丁本はお取り替えいたします。

―――――――――― 簿記・会計選書 ――――――――――

会社の数字がガンガンわかる ゼロからの経営分析ワークブック ―財務会計・管理会計・税務会計の視点から―	関　　　利　恵　子 石　井　宏　宗　　著 八　幡　浩　伸	1,600 円
初 級 簿 記 教 本 ・ 問 題 集	海　老　原　　諭　　著	1,800 円
初 級 簿 記 教 本	海　老　原　　諭　　著	2,700 円
新 ・ 入 門 商 業 簿 記	片　山　　覚　監修	2,350 円
新 ・ 中 級 商 業 簿 記	片　山　　覚　監修	1,850 円
全 国 経 理 教 育 協 会 公 式 簿 記 会 計 仕 訳 ハ ン ド ブ ッ ク	上　野　清　貴 吉　田　智　也　編著	1,200 円
コ ン ピ ュ ー タ 会 計 基 礎	河合　久・櫻井康弘 成田　博・堀内　恵　著	1,900 円
会 計 不 正 と 監 査 人 の 監 査 責 任 ― ケ ー ス ・ ス タ デ ィ 検 証 ―	守　屋　俊　晴　　著	3,800 円
キ ャ ッ シ ュ フ ロ ー で 考 え よ う ! 意 思 決 定 の 管 理 会 計	香　取　　徹　　著	2,200 円
会 計 原 理 ― 会 計 情 報 の 作 成 と 読 み 方 ―	斎　藤　孝　一　　著	2,000 円
I F R S 教 育 の 実 践 研 究	柴　　　健　次　編著	2,900 円
I F R S 教 育 の 基 礎 研 究	柴　　　健　次　編著	3,500 円
現 代 会 計 の 論 理 と 展 望 ― 会 計 論 理 の 探 究 方 法 ―	上　野　清　貴　　著	3,200 円
簿 記 の ス ス メ ― 人 生 を 豊 か に す る 知 識 ―	上　野　清　貴　監修	1,600 円
複 式 簿 記 の 理 論 と 計 算	村　田　直　樹 竹　中　　徹　編著 森　口　毅　彦	3,600 円
複 式 簿 記 の 理 論 と 計 算　問 題 集	村　田　直　樹 竹　中　　徹　編著 森　口　毅　彦	2,200 円
非 営 利 ・ 政 府 会 計 テ キ ス ト	宮　本　幸　平　　著	2,000 円
活動を基準とした管理会計技法の展開と経営戦略論	広　原　雄　二　　著	2,500 円
ラ イ フ サ イ ク ル ・ コ ス テ ィ ン グ ― イ ギ リ ス に お け る 展 開 ―	中　島　洋　行　　著	2,400 円

(本体価格)

―――――――――― 創 成 社 ――――――――――